आप और आपका व्यवहार

सूर्या सिन्हा
मानव प्रशिक्षक एवं प्रेरक

डायमंड बुक्स
www.diamondbook.in

प्रकाशकः डायमंड पॉकेट बुक्स (प्रा.) लि.

X-30, ओखला इंडस्ट्रियल एरिया, फेज-II
नई दिल्ली-110020
फोन : 011-40712200
ई-मेल : sales@dpb.in
वेबसाइट : www.diamondbook.in

Aap aur Aapka Vyavhar
By : Surya Sinha

समर्पण

यह पुस्तक समर्पित है
जगजननी माता वैष्णो देवी
के चरणों में,
जिनकी अपार कृपा
मुझ पर है।

आपके लिए
एक अमूल्य उपहार

प्रिय स्नेही,
श्री/श्रीमती/कुमारी/प्रिय ____________

सब जानते हैं कि जीवन में उपहार किसको दिया जाता है, केवल अपनों को। बहुत समय से मेरी सोच में यह था कि मैं आपको कुछ ऐसा उपहार दूँ जो आपके जीवन को सदा के लिए खुशहाली से भर दे। ईश्वर की अनुकंपा से मुझे आज यह उपहार आपको भेंट करने का अवसर मिला है।

आप यह भली-भांति जानते हैं कि जीवन में खुशियां, खुशहाली, मान-सम्मान, अपनापन, सुकून-चैन पाने और कुछ बनने के लिए जो सबसे महत्वपूर्ण पहलू है-वह है हमारा व्यवहार! और मैंने पाया है कि आपका व्यवहार वक्त की कसौटी पर सदा ही खरा रहा है। बेशक आप व्यवहार के धनी हैं लेकिन जानते हैं न कि सोना जितना तपता है, उतना ही निखरता है। इसलिए आपके जीवन को और भी गहरा और समृद्ध बनाने के लिए यह अमूल्य उपहार मैं आपको दे रहा हूँ। मुझे पूर्ण विश्वास है कि अगर हमारा व्यावहार इस पुस्तक के सिद्ध और व्यावहारिक उपायों के अनुसार ढल जाता है तो फिर कोई उपलब्धि, कोई पद, कोई खुशी, कोई सफलता हमसे दूर नहीं रह सकती। इसीलिए मैंने यह बेशकीमती उपहार आपको देने के लिए चुना है।

अपने हृदय की बधाइयों से मेरी कामना है कि जीवन-सफर में यह अनमोल पुस्तक आपके लिए एक सही मार्गदर्शक और सच्चे मित्र का काम करे। इन्हीं शुभाषीशों के साथ यह पुस्तक आपके समक्ष प्रस्तुत है।

दिनांक : .... **आपका/आपकी शुभेच्छु**

(भेंटकर्त्ता)

____

समाज
कल्याण के हित में
तथा व्यक्तित्व विकास हेतु यह
पुस्तक आप किसी को भी उपहार
स्वरूप भेंट कर सकते हैं। उपहार स्वरूप
भेंट करने के लिए जिन सज्जनों को इस
पुस्तक की आवश्यकता हो, वे इसे कम
मूल्य पर 'विनर्ज़ ट्रैक' की गिफ्ट
योजना के तहत प्रकाशक से सीधे
संपर्क कर मंगा सकते
हैं।

विषय सूची

खंड-2

दो शब्द

दोस्तो!

नई सोच और अनुभव के साथ मैं आपका एक बार फिर स्वागत करता हूँ।

'आप और आपका व्यवहार' पुस्तक अब आपके हाथ में है।

नि:संदेह इस पुस्तक को देखकर आपके मन में सबसे पहले यही ख्याल आ रहा होगा कि मेरा व्यवहार तो बहुत अच्छा है। फिर मुझे इस पुस्तक की क्या जरूरत है, आप बिल्कुल ठीक हैं। आमतौर पर अपने बारे में हम सभी यही सोचते हैं लेकिन क्या ऐसा सोचते वक्त हम पूरी तरह से सही होते हैं? चूंकि मामला हमारे अपने निजी व्यवहार से जुड़ा होता है, इसलिए हम अपने आपको सौ प्रतिशत नंबर दे देते हैं।

पर अब सवाल यह उठता है कि यदि आपका या हमारा व्यवहार अच्छा है तो –

☞ हमारे व्यापारिक, पारिवारिक या मैत्रीपूर्ण संबंधों में तनाव क्यों है?

☞ क्यों हम लाख कोशिशों के बाद भी दूसरों को अपनी बात नहीं समझा पा रहे हैं?

☞ क्यों लोग हमारी बातों पर विश्वास नहीं करते?

☞ हम उतनी तरक्की क्यों नहीं कर पा रहे जिसका अधिकारी हम स्वयं को समझते हैं?

☞ ऐसे कौन-कौन से कारण हैं जिनकी वजह से हम अपने जानकारों, दोस्तों व अपनी टीम का दिल नहीं जीत पा रहे?

☞ हमारा लोगों से या लोगों को हमसे द्वेष या विरोध क्यों है?

☞ ऐसे क्या कारण हैं जिस वजह से हमारा नेटवर्क और दोस्तों का दायरा नहीं बढ़ पा रहा?

इन सुलगते सवालों का सीधा सा उत्तर है कि कहीं-न-कहीं हममें व्यवहार संबंधी खामियां हैं जिन्हें हम या तो जानते नहीं हैं या उन खामियों को हम अपना स्वभाव मान लेते हैं।

ध्यान रहे, जब हम अपनी कमियों को अपना गुण मान बैठते हैं, तो पहला, उनमें सुधार नहीं करते और दूसरा, व्यवहार संबंधी बड़ी-बड़ी हानियां उठाते हैं।

दोस्तो! सुनिए। यदि हमें जीवन में सफलता चाहिए, खुशियां चाहिए, खुशहाली और सम्मान चाहिए तो हमें सबसे पहले अपने व्यवहार को गौर से परखना होगा। मानवीय, सामाजिक और व्यापारिक दृष्टि से जो व्यवहार संबंधी नियम हैं, उनके अनुसार स्वयं को ढालना होगा। मुझे पूरा भरोसा है कि यदि आप वास्तव में इस पुस्तक में बताए गए व्यावहारिक नियमों को अपने जीवन में स्थान देंगे तो आप वह सब कुछ सहज ही पा लेंगे जिसकी आप वर्षों से इच्छा करते रहे हैं। मसलन-व्यापार या नौकरी में सफलता, व्यापार का विस्तार, नौकरी में उन्नति, मित्रों एवं परिचितों में सम्मान और अपनापन, परिवार में प्यार, एकसूत्रता और खुशियां। विशेष तौर पर यह पुस्तक व्यापार, स्वरोजगार, सेल्सपर्सन, उद्यमी और नौकरीशुदा व्यक्ति के जीवन में ऐसा क्रांतिकारी बदलाव लाने की क्षमता रखती है जिससे उसका जीवनस्तर पहले से कहीं ज्यादा उन्नत और बेहतर हो जाता है।

इस पुस्तक को मैंने दो भागों में विभाजित किया है। पहले भाग में, मैंने मानवीय व्यवहार के उन सूत्रों पर प्रकाश डाला है जो हर क्षेत्र में आपके मानव संबंधों को बढ़ाने एवं सुदृढ़ करने में सहायक होंगे। आप व्यापारी हैं या नौकरीपेशा हैं या किसी शोरूम में सेल्समैन, दुकानदार हैं या दूसरे कोई कुशल कारीगर-सभी में आपकी कामयाबी सबसे पहले

आपके व्यवहार पर निर्भर करती है। यदि आपका व्यवहार अच्छा है, मानवीय गरिमा और सामाजिक परंपराओं के अनुरूप है तो आपके पास शुभचिंतकों, राय-मशविरा देने वालों, आपकी चिंता करने वालों का एक बड़ा दायरा होगा। यह तो आप जानते ही हैं कि जिस व्यक्ति के संबंधों का दायरा जितना विस्तृत होता है, उसे अपने क्षेत्र में उतनी ही अधिक सफलता मिलती है। इसके साथ ही, यदि आपका व्यवहार अच्छा है तो आपका निजी और पारिवारिक जीवन भी खुशहाल और प्रसन्नता भरा होगा। माता-पिता, भाई-भाभियों, बहन-बहनोइयों, चाचा-ताऊ और भाई-भतीजों से आपके संबंध सहज, बेहतरीन और प्रेमपूर्ण होंगे। परिवार में पत्नी और बच्चे आपके लिए चिंता करने वाले और आपके सुख-दुख के सच्चे सहयोगी होंगे। समाज में आपकी एक अलग ही प्रतिष्ठा होगी। लोग पीठ-पीछे भी आपकी प्रशंसा खुले दिल से करेंगे न कि जग-दिखावे के लिए।

और इतना सब कुछ केवल और केवल आपके व्यवहार पर निर्भर करता है। आपकी शैक्षिक योग्यता या रईसी से इसका कोई संबंध नहीं है, समझ लीजिए।

एक राज की बात आपको बताना चाहता हूँ। रिश्तों का टूटना-बिगड़ना, मित्रों का मिलना-बिछुड़ना, समाज में मान-अपमान, व्यापार में उन्नति-अवनति, नौकरी में तरक्की, सब कुछ आपके व्यवहार के अनुसार ही आप पाते हैं। बहरहाल, पुस्तक के पहले भाग को गौर से पढ़ें, न केवल पढ़ें बल्कि समझें भी और अपने मौजूदा व्यवहार की एक तस्वीर भी अपने सामने रखकर देखें। फिर सच्चे मन से, निष्पक्ष भाव से यह फैसला करें कि क्या आपमें इस पुस्तक में बताए गए व्यावहारिक गुण हैं? यदि हैं तब तो बेहतर है और यदि नहीं हैं तो फिर आपके व्यवहार में थोड़ा बदलाव आपको करना चाहिए। मुझे पूर्ण विश्वास है कि पुस्तक में बताए गए नियमों को अपनाकर कुछ ही दिनों में आपको अच्छे और बेहतरीन परिणाम मिलने लगेंगे।

यह तो है पहले भाग की बात।

दूसरे भाग में, मैंने आपको व स्वयं को या कहें कि 'मानव' को रखा है। यानि आपको कैसा होना चाहिए?

दोस्तो! एक अच्छा आदमी ही अच्छा व्यवहार कर सकता है। जिस आदमी में सभ्यता, शिष्टता, संवेदना, धैर्य, शान्ति, सलीका न हो, वह व्यवहार भी अच्छा नहीं करेगा। अतः पहले व्यक्ति को इंसान बनना चाहिए। हमारे भीतर यदि बुराइयां हैं, अवगुण हैं, दोष हैं और हम उन्हें नहीं छोड़ते तथा इस पुस्तक को या किसी अन्य महत्वपूर्ण प्रेरक पुस्तक को भी पढ़कर अच्छा व्यवहार करने की कोशिश करेंगे तो वह केवल दिखावा होगा। 'जुबां पर कुछ और मन में कुछ' इस प्रकार का व्यक्ति लोगों की नजरों से गिर जाता है। अतः अच्छे व्यावहारिक व्यक्ति आप तभी बन सकते हैं जब आप अपने भीतर प्रभावशाली मानवीय गुण विकसित करें।

भाग दो में मानवीय गुणों पर संक्षेप में प्रकाश डाला गया है। उन छोटी-छोटी बातों पर भी चर्चा की गई है जो मात्र आधुनिक मनुष्य को सही मायने में समझदार मानव बनाकर समाज के सामने प्रस्तुत करने में मदद करती हैं।

मैं इस पुस्तक को ज्ञान के एक दीये के रूप में देख रहा हूँ। मुझे विश्वास है कि मानवीय संबंधों को एक नया आयाम देने और सुदृढ़ बनाने में यह पुस्तक मील का पत्थर साबित होगी। पुस्तक में सुझाई गई राहें और रणनीतियां व्यवहार की कसौटी पर खरी हैं। मैंने अपने इस प्रयास में साधारण मनुष्य को असाधारण मानव बनाने के लिए

जरूरी सभी कारकों व कारणों का विश्लेषण करते हुए मार्गदर्शन देने का प्रयास किया है।

याद रखिए, जब दुनिया सोती है तब योगी जागते हैं। अब आपको यह तय करना है कि - **आपको सोना है या जागना।**

आपका

- **सूर्या सिन्हा**

website : www.suryasinha.com
E-mail : surya@suryasinha.com
winnerztrack@gmail.com

अगर आप समाज में रुतबा और सम्मान पाना चाहते हैं तो आपको अपने दिमाग को ठंडा, जेब को गर्म, आंखों में शर्म, जुबान को नर्म, दिल में रहम, दुखियों पर करम और अपने व्यवहार को अच्छा बनाना ही होगा।

अगर आपने ऐसा कर लिया तो फिर देखेंगे कि इसी धरती पर आपको स्वर्ग का आभास होने लगा है।

– सूर्या सिन्हा

व्यावहारिकता की शुरुआत घर से करें

ऐसा देखा गया है कि कुछ लोग बाहरी लोगों से तो बहुत अच्छा व्यवहार करते हैं, मगर अपने परिजनों के साथ उनका व्यवहार उतना अच्छा नहीं होता। बाहरी दुनिया में तो उनके होठों पर मुस्कान सजी रहती है। सबसे आत्मीयता से मिलते हैं, मीठी वाणी बोलते हैं, लेकिन घर में आते ही उनकी मुस्कान गायब हो जाती है। वे गंभीरता, नागंवारी या क्रोध का मुखौटा पहन लेते हैं। पत्नी और बच्चों को कठोर दृष्टि से देखते हैं या गलत तरीके से पेश आते हैं। यह उनका बहुत ही ओछा और दोहरा व्यवहार है। ऐसे लोगों को देखकर यह समझ पाना कठिन होता है कि उनका असली चेहरा कौन-सा है? बाहर की दुनिया वाला या घरेलू? सच जो भी हो, उनके व्यवहार से यह जरूर जाहिर होता है कि ऐसा व्यक्ति या तो घर से बाहर नाटक करता है या फिर घरेलू जीवन में।

ऐसे दोहरे व्यवहार वाला व्यक्ति अपनी साख या सम्मान को ज्यादा समय तक कायम नहीं रख पाता। जल्द ही बाहरी दुनिया के लोग भी जान जाते हैं कि यह आदमी दोहरे चरित्र वाला और नाटकबाज है।

असल में ऐसे व्यक्ति समाज के लिए अच्छे हो ही नहीं सकते जो अपने परिवार के प्रति रूखे, संवेदनहीन या जरूरत से ज्यादा कठोर हो अथवा जो अपने माता-पिता, भाई-बहन, पत्नी या बच्चों से अच्छा व्यवहार न करते हों।

इसलिए यह जरूरी है कि यदि वास्तव में आप स्वयं को एक अच्छा और व्यावहारिक व्यक्ति बनाना चाहते हैं तो इसकी शुरुआत आपको अपने घर से करनी होगी।

आप और आपका व्यवहार

यह मेरा ही नहीं बल्कि आप सबका भी अनुभव होगा कि बहुत से लोग अपने माता-पिता को कभी ठीक से नमस्कार भी नहीं करते, मगर बाहर दफ्तर में अपने बॉस ही नहीं, सहकर्मियों के आगे भी झुके रहते हैं। अपनी पत्नी से प्यार के दो बोल नहीं बोलेंगे, मगर पराई स्त्रियों से बड़े प्यार व सलीके से बातें करेंगे। अपने बच्चों को हमेशा डांटते-फटकारते रहेंगे, मगर आस-पड़ोस व जानकारों के बच्चों को बहुत प्यार करेंगे। क्या ऐसे लोगों को आप व्यावहारिक या मानवीय कह सकते हैं ?

इस प्रकार का दोहरा व्यवहार यदि आप भी करते हैं और इस सोच में हैं कि इससे आपका परिवार, आपकी पत्नी, आपके बच्चे आपके नियंत्रण में रहेंगे तो जान लीजिए कि आप सौ-फीसदी गलत हैं। इस प्रकार के कठोर और गलत व्यवहार से आप अपने और उनके बीच एक अनदेखी दीवार खड़ी कर लेते हैं। तब वे मन से आपका सम्मान नहीं करते, केवल दिखावा करते हैं। इतना ही नहीं, जब आपके इस व्यवहार की पोल खुलती है तो बाहरी दुनिया के लोग भी आपको अस्वीकार करने में देर नहीं करते।

अतः सदा के लिए ध्यान रखिए कि आप अपने अच्छे व्यवहार की शुरुआत अपने घर से कीजिए। भूलिए मत कि बच्चे अपने जीवन में जो कुछ भी सीखते हैं अधिकांश अपने माता-पिता से ही सीखते हैं। आप जैसा व्यवहार अपने माता-पिता से करते हैं। उसे देखकर आपके बच्चे सीखते हैं। फिर वैसा ही व्यवहार आपके बच्चे बड़े होने पर आपसे करते हैं। कुछ लोग अपने माता-पिता को बुढ़ापे में बोझ समझते हैं। ऐसे लोगों के बच्चे भी उन्हें बुढ़ापे में बोझ ही समझेंगे।

इसके अलावा, देखने में आया है कि पति अपनी पत्नी से या पत्नी अपने पति से अच्छा व्यवहार नहीं करती। ऐसे लोग परमात्मा के समक्ष लिए गए उस वचन का उल्लंघन करते हैं जो उन्होंने अग्नि को साक्षी मानकर लिया था या अपने गुरु, अल्लाह, पीर-पैगंबर को हाजिर-नाजिर

मानकर लिया था कि वे एक–दूसरे का सम्मान करेंगे और सुख–दुख में एक–दूसरे के कदम-से-कदम मिलाकर चलेंगे। जो भी स्त्री या पुरुष इस वचन का उल्लंघन करते हैं, उन्हें कुदरत भी नहीं बख्शती और उन्हें बड़ा भारी दण्ड देती है।

कई दम्भी पुरुष या महिला जो अपने परिवार के धन–बल के घमंड में आकर अपने जीवनसाथी का अपमान करते हैं या अपने झूठे अहं की खातिर एक–दूसरे को मानसिक या शारीरिक पीड़ा पहुंचाकर खुश होते हैं। वे यह सब करते वक्त नहीं सोचते कि उम्र धीरे–धीरे ढल रही है और एक समय वह भी आने वाला है जब परिवार के सभी लोग अपने–अपने संसार में रम जाएंगे और वे अकेले रह जाएंगे, बिल्कुल अकेले। उस समय उन्हें एक सच्चे साथी की जरूरत होगी, लेकिन ऐसे दम्भी पुरुष या महिला को उस समय कोई सुख–दुख का साथी नहीं मिलेगा। मन की सुनने या कहने वाला कोई उनके पास नहीं होता और उनका बचा हुआ बाकी जीवन नरक हो जाता है। रिश्तों के मानदण्ड बदल जाते हैं। उनका अहं घायल होता है तो वे इस कदर टूट जाते हैं कि खून के आंसू रोते हैं।

अतः अपने पति–पत्नी, माता–पिता और बच्चों को सम्मान दें। उनके साथ अच्छा व्यवहार करें। उनकी सुनें, फिर अपनी भी सुनाएं तभी घर में खुशियों का बोलबाला रहेगा।

पति– पत्नी अपने रिश्ते के मायने समझें

कितने लोगों को यह तथ्य मालूम है- जब कोई लड़का या लड़की विवाह बंधन में बंधते हैं, तब वे अग्नि को साक्षी मानकर या किसी दूसरी विधि से परमात्मा को हाजिर–नाजिर मानकर एक–दूसरे को स्वीकार करते हैं **तो वे सिर्फ एक–दूसरे को ही स्वीकार नहीं करते बल्कि एक–दूसरे के परिवार, मित्रों और सगे-संबंधियों को भी स्वीकार करते हैं।**

परिवार में शान्ति और सौहार्द तथा समाज में सम्मान बनाए रखने के लिए जरूरी है कि पुरुष अपनी पत्नी के माता-पिता, भाई-बहन तथा अन्य रिश्तेदारों और मित्रों को यथोचित आदर दे। पत्नी को पति की अर्धांगिनी कहा गया है। जब पत्नी अपने पति की हो जाती है तो उससे जुड़ी हर चीज, हर रिश्ता, हर संबंध उसके पति का भी हो जाता है। फिर उन संबंधों को निभाना पति का सामाजिक दायित्व ही नहीं बल्कि सनातन धर्म भी है।

इसी प्रकार कोई लड़की जब सात फेरे लेकर किसी युवक को स्वीकार कर लेती है तो फिर यह निश्चित हो जाता है कि युवक से जुड़े हर रिश्ते को उसने स्वीकार किया है और उसे उस संबंध या रिश्ते को हर हाल में निभाना ही होगा।

जो पति-पत्नी जीवन के इस बुनियादी व अटल सत्य को नहीं मानते और ऐसा नहीं करते, वे अपने पांवों पर खुद कुल्हाड़ी मारते हैं। वक्त आने पर उनके गलत कारनामों से बने घाव उन्हें असहनीय पीड़ा पहुंचाते हैं। उनका झूठा अहम, अकड़ और तुनकमिजाजी उनका जीवन नरक बना देती है।

मैं एक उदाहरण से अपनी बात स्पष्ट करता हूं–

मेरे एक परिचित की शादी एक बड़े और संपन्न परिवार में हुई। लड़की के पिता अच्छे पैसे वाले थे। बड़ी धूमधाम से शादी हुई। लड़की ने ससुराल आते ही अपना रंग दिखाना शुरू कर दिया। वह न पति के मित्रों को पसंद करती थी, न रिश्तेदारों को। सास-ससुर और ननदें तो उसे फूटी आंख नहीं सुहाती थीं। अपने पति की बात-बात पर कमियां निकालती रहती थी। धीरे-धीरे सबको पता चल गया कि वह लड़की एक नंबर की घमंडी और उद्दंड है। लड़की के माता-पिता से शिकायत की गई। बाद में पता चला कि लड़की का बाप और भाई उससे भी ज्यादा घमंडी और उद्दंड हैं। वे अपनी बेटी को समझाने की बजाय अपने घर ले गए। आज वर्षों बीत जाने के बाद भी वह अपने मायके

में ही रह रही है। उधर भाई की शादी होने के बाद घर में बहू आ गई। लड़की ने उस पर भी अपनी उद्दंडता दिखाई तो उसकी भाभी ने उसे लताड़ दिया–"अपने घर जाओ, ये घर तुम्हारा नहीं मेरा है। धिक्कार है तुम जैसी औरत पर जो अपने पति का घर छोड़कर बाप और भाई की छाती पर मूंग दल रही है।"

अब समय बदल गया है। लड़की के पिता बूढ़े हो गए हैं, भाई भी अपनी पत्नी के ही समर्थन में बोलता है और इस समय उस लड़की की हालत धोबी के कुत्ते जैसी है जो न घर का है, न घाट का।

ऐसी नौबत किसी के भी साथ आ सकती है। इसलिए पहले ही संभल जाइए। पति-पत्नी का रिश्ता परस्पर विश्वास और सम्मान पर टिका है। एक दूसरे के प्रति, एक-दूसरे के परिवार और रिश्तों के प्रति सम्मान और आदर की भावना रखकर ही आप गृहस्थ जीवन का सच्चा आनन्द उठा सकते हैं। आपकी अव्यावहारिकता, घमंड और उद्दंडता आपका जीवन नरक बना सकती है जिसकी लपटों से झुलसे बगैर बच पाना नामुमकिन ही है। इसलिए हर रिश्ते का आदर करें और इसकी शुरुआत घर से करें।

लोगों की सोच व स्वभाव को समझें

यह मानवीय स्वभाव है कि लोग अपने बारे में ही अधिक सोचते हैं न कि किसी दूसरे के विषय में। एक मानव प्रशिक्षक के तौर पर मैं इस बात को इस प्रकार कह सकता हूं कि कोई भी व्यक्ति किसी दूसरे की अपेक्षा हजारों गुना स्वयं से ही ज्यादा लगाव महसूस करता है और स्वयं एवं स्वयं से जुड़ी बातों व विषयों के बारे में ही अधिक सोचता है।

कुछ देर रुककर आज आप स्वयं का विश्लेषण करें।

आप सबसे अधिक किसके बारे में सोचते हैं या किसकी चिंता करते हैं?

यदि आप सच्चाई से इस बात का उत्तर देंगे तो निःसंदेह आपका जवाब होगा–**'अपने बारे में।'**

और लगभग हर व्यक्ति का जवाब यही होगा।

आइए इसका मनोविज्ञान समझें। मनोविज्ञानी बताते रहे हैं कि व्यक्ति का हर एक कार्य उसके अपने स्वार्थ और अपने स्वयं की भलाई के लिए ही होता है। अपने स्वार्थ, अपनी भलाई या अपने सुख की अनुभूति का यह लक्षण मनुष्य में इतना प्रबल होता है कि दान आदि करते समय भी उसके मन में अपने द्वारा किए गए दान से मिलने वाला पुण्य, संतुष्टि या आनन्द का विचार ही प्रमुख होता है। इससे उसे कोई खास सरोकार नहीं होता कि उसके द्वारा दी गई भेंट से दूसरे को क्या लाभ होगा। जब वह स्वयं संतुष्ट हो जाता है तब उसके बाद वह अन्य किसी के विषय में सोचता है।

इसलिए व्यवहार–कुशल होने के लिए यह सबसे जरूरी है कि हम सबसे पहले लोगों की सोच व उनके स्वभाव को समझें। जब हम लोगों

के स्वभाव व उन्हें सही तरह से समझना प्रारंभ करते हैं तब हम यह जान लेते हैं कि लोग जो कुछ भी कर रहे हैं वह क्यों कर रहे हैं! यही नहीं वे अलग-अलग स्थितियों में अलग-अलग तरह का व्यवहार क्यों करते हैं यह भी हमें पता चलने लगता है। तब हमारे लिए व्यवहार-कुशल होना, लोगों से तालमेल स्थापित करना या लोगों का दिल जीतना आसान होता चला जाता है। इसलिए इस प्रक्रिया में सबसे जरूरी यह जानना है कि सामने वाला क्या सोच रहा है?

जैसा कि मैं पहले भी कह चुका हूँ कि ज्यादातर लोग अपने बारे में ही सोचते हैं, न कि दूसरों के बारे में। इसका कारण मानव प्रकृति स्व-हित की है। यह स्वभाविक है। यह प्रवृत्ति आदिकाल से चली आ रही है और अनंत काल तक जारी रहेगी। इसी विशेषता के साथ मानव इस धरती पर आया था और हम सब इसमें शामिल हैं।

इसलिए महत्वपूर्ण यह नहीं है कि दूसरे लोग आपके दृष्टिकोण में क्या हैं और आप उन्हें किस रूप में देखते हैं बल्कि महत्वपूर्ण तो यह है कि आप उन्हें उनकी खुद की नज़रों से देखें व समझें।

इसलिए सदा याद रखें-

"दूसरों के साथ पेश आते समय आप इस बात को आधार बनाकर चलें कि मनुष्य दूसरों की अपेक्षा अपने लाभ-हानि की बात पहले सोचता है। इसमें यदि उसके लाभ की बात न हो तो वह न तो आपकी बात सुनेगा और न ही आपसे जुड़ना चाहेगा। वह आपसे तभी जुड़ेगा या जुड़ना चाहेगा जब आप उसे उसके फायदे की बात बताएंगे-उसके हित और भले की योजना पर काम करेंगे।"

यह तभी संभव है जब आप लोगों की सोच व समझ का ठीक से मूल्यांकन करना सीखते हैं।

व्यावहारिकता का अर्थ है –

- ऐसे कार्य करना, जो दूसरों के मन को जीत लें,
- अपनी वाणी से ऐसे शब्द बोलना, जो सुनने वाले को सुखद लगें।
- इस प्रकार से सहयोग करना, जो दूसरे को अपनत्व का एहसास कराए।
- सामनेवाले को ऐसा एहसास कराना कि वह आपके पक्ष में खड़ा हो सके और हमेशा आपके पक्ष में खड़ा रहे।

– सूर्या सिन्हा

सुनना है लोगों को

एक बहुत पुरानी कहावत है कि बोलने वाले से अधिक सुनने वाला सीखता है।

सुनना बहुत बड़ी कला है और अच्छा बोलने जैसी कला से किसी भी मायने में कम नहीं है।

बोल तो कोई भी सकता है, मगर ऐसे लोग बहुत कम हैं जो धैर्यपूर्वक सुनने की समझ और फिर इसमें से अपने जीवन के लिए बेहद जरूरी ज्ञान निकालने की क्षमता रखते हैं।

आप एक सूत्र को गांठ बांध लीजिए। **आप जितना अधिक सुनेंगे, उतने ही अधिक व्यवहारकुशल होंगे और उतने ही अधिक लोगों द्वारा पसंद भी किए जाएंगे।** मानवीय गुणों व मानवीय व्यवहार में शायद ही कोई दूसरी ऐसी चीज हो जो आपको लोगों का चहेता बना सके।

थोड़ा रुककर आप अपना निरीक्षण स्वयं करें और जानें कि आप एक अच्छे श्रोता हैं या नहीं!

वैसे देखने में तो यही आता है कि ज़्यादातर लोग दूसरों को सुनने में कोई खास दिलचस्पी नहीं लेते। यदि सुनना मजबूरी ही हो तो वे सुनने का नाटक-भर करते हैं। कुछ लोग तो ऊँघने लगते हैं या उबासियां तक लेने लगते हैं। विश्वास मानिए, इस प्रकार के लोग बहुत-सी उन शिक्षाओं से वंचित रह जाते हैं जो केवल सुनकर ही ग्रहण की जा सकती हैं।

स्कूलों व कॉलेजों में जब शिक्षक पढ़ा रहे होते हैं तो वहां उपस्थित तो बहुत से विद्यार्थी होते हैं पर वही विद्यार्थी टॉपर बन पाते हैं जो ध्यान

से शिक्षक की बातें सुनते हैं और नोट्स बना लेते हैं। इसलिए जो सुनने की कला में माहिर नहीं हैं, उनका पिछड़ना यहां से शुरू होता है और फिर वे जीवन-भर पिछड़ते ही चले जाते हैं क्योंकि वे किसी दूसरे की बात, चाहे वह कितनी ही उनके हित की ही क्यों न हो, सुनना ही नहीं चाहते। मार्केटिंग व व्यवसाय के क्षेत्र के प्रतिनिधियों के लिए तो सदा ही बोलने से ज्यादा जरूरी है- सुनना। सुनने से न सिर्फ उन्हें सामने वाले की जरूरत का सही अनुपात में पता चलता है बल्कि उसके लिए मूल्य चुकाने की उसकी तीव्रता और समयावधि का भी पता चल पाता है।

इसलिए आपसे पूछे गए प्रश्न, 'क्या आप अच्छे श्रोता हैं?' का उत्तर अगर नहीं में है और आप एक अच्छे श्रोता बनना चाहते हैं तो इन बातों को ध्यान में रखें:-

❑ कोई भी वक्ता केवल अपने लिए ही नहीं बोल रहा होता, कुछ मामालों में वह उसी समय दूसरों की भलाई के लिए भी कुछ-न-कुछ बोल रहा होता है।

❑ अशिक्षित व्यक्ति भी अक्सर अपनी बातचीत में कई महत्त्वपूर्ण व्यावहारिक शिक्षा या जानकारियाँ दे जाता है।

❑ सुनना सीखने की आदत डालने से आपको उन लोगों से भी लाभ मिलने लगेगा जो सही ढंग से बोलना नहीं जानते और आपकी नजरों में जिनकी कोई जगह नहीं है।

❑ बोलने से भी ज्यादा मूल्यवान है-सुनना। ठीक तरह से सुनी गई बात, विचार या प्रस्ताव बोलने की ऊर्जा व समय, दोनों बचाती है।

अच्छे श्रोता बनने के गुर:

1. बात करने वाले व्यक्ति की ओर उत्सुकता एवं उत्साह से देखें।
2. थोड़ा आगे की ओर झुककर उसे सुनें। बोलने वाले व्यक्ति को यह अहसास कराएं कि आप उसके द्वारा बोले गए किसी भी शब्द को सुनने से चूकना नहीं चाहते।

3. बातचीत के यदि अवसर मिले तो वक्ता से प्रश्न पूछें जो विषय से ही संबंधित हों। ध्यान रहें, आपके प्रश्न सार्थक होने चाहिए न कि विषय से हटकर और बाधा उत्पन्न करने वाले। इससे आप वक्ता को यह अहसास कराते हैं कि आप उसकी बात को बड़े ध्यान से सुन रहे हैं। इससे उसका उत्साह बढ़ता है और उसकी दृष्टि में आपका स्थान एक अच्छे श्रोता के रूप में बन जाता है। इससे आपको एक स्थाई लाभ यह है कि वह आपको लम्बे समय तक याद रखता है।
4. यदि बेहद आवश्यक न हो तो बोलने वाले के साथ टोका-टाकी न करें और न ही विषय को बदलने का प्रयास करें, चाहे नए विषय की शुरुआत करने के लिए आप कितने ही उत्सुक क्यों न हों!

इस प्रकार का व्यवहार करने से आप अपनी एक अलग छवि बनाते हैं। आप एक धैर्यवान, व्यावहारिक, विनम्र, समझ-बूझ वाले व्यक्ति के रूप में वक्ता के हृदय में अंकित हो जाते हैं।

इसके बाद अगर आप, अपने विचारों, इच्छा या किसी प्रस्ताव को उसके सामने रखते हैं तो विश्वास मानिए कि वह न केवल आपकी बातों को ध्यान से सुनेगा बल्कि स्वीकार भी करेगा। इस तरह आप सामने वाले को न सिर्फ अपने पक्ष में कर लेते हैं बल्कि उसे सदा के लिए अपना भी बना लेते हैं।

व्यावहारिकता का अर्थ है –

- ऐसे कार्य करना, जो दूसरों के मन को जीत लें,
- अपनी वाणी से ऐसे शब्द बोलना, जो सुनने वाले को सुखद लगें,
- इस प्रकार से सहयोग करना, जो दूसरे को अपनत्व का एहसास कराए,
- सामनेवाले को ऐसा एहसास कराना कि वह आपके पक्ष में खड़ा हो सके और हमेशा आपके पक्ष में खड़ा रहे।

– सूर्या सिन्हा

लोगों का विश्वास जीतें

यह तो आप मानेंगे कि आज के दौर में बड़ा मुश्किल है, लोगों के दिलों में अपने प्रति विश्वास पैदा करना। आजकल कोई भी सहज ही किसी पर विश्वास नहीं कर पाता। विश्वास की जगह संदेह करना आसान है क्योंकि लोग लगातार धोखा खाते रहे हैं।

इसलिए इस मनोविज्ञान को समझ लें। पहले-पहले लोग आप पर शक-संदेह करेंगे। खासकर तब जब आप अपने लाभ के विषय में बात करते हैं। सेल्स, मार्केटिंग, प्रोडक्ट विक्रेता या छोटे-बड़े व्यापारी आमतौर पर लोगों की इसी मनोवृत्ति की चपेट में आते हैं। अगर आप इस वर्ग में है तो जानते ही होंगे कि जब आप लोगों से सीधे-सीधे, अपने लाभ की बात करते हैं तो लोग उसे सहजता से नहीं लेते। इससे पार पाने के लिए आपको एक व्यावहारिक सूत्र बतलाता हूं।

सूत्र यह है- **लोग आप पर, आपकी बात पर, आपकी कंपनी पर, आपके प्रोडक्ट पर और आपके भविष्य की नई योजनाओं पर विश्वास करें, इसके लिए आप किसी तीसरे व्यक्ति का सहारा लें, भले ही वह वहां मौजूद न हो।** इसका सामने वाले पर मनोवैज्ञानिक असर पड़ता है और वे अगर ज्यादा नहीं तो भी कुछ प्रतिशत विश्वास करने पर अवश्य मजबूर हो जाते हैं। एक बार विश्वास जमा नहीं कि फिर वे आपके विषय पर विचार शुरू कर देते हैं।

इसे और अच्छी तरह समझ लें!

आप अपने व्यवसाय को और अधिक बढ़ाना चाहते हैं और चाहते हैं कि कुछ लोग आपके द्वारा सोचे गए व्यवसाय में अपना धन निवेश करें। आप किसी से कहते हैं कि वे (एक या एक से अधिक लोग)

आपके किसी प्रोजेक्ट में पैसा लगाएं तो उन्हें अच्छा-खासा लाभ होगा। इस बात पर एकदम से लोग विश्वास नहीं करेंगे। वे आपसे पूछ सकते हैं कि इस बात की क्या गारंटी है कि हमें लाभ होगा। ऐसे में आमतौर पर व्यापारी, सेल्स या मार्केटिंग के लोग यही कहते हैं कि 'आप मेरा विश्वास करें, मैं दावे के साथ कहता हूं कि इसमें आपको अवश्य लाभ होगा।'

लेकिन आपके सिर्फ ऐसा कह देने-भर से तो लोग आप पर विश्वास नहीं करने लगेंगे। उनकी पहली प्रतिक्रिया यही होगी कि कहीं आप उन्हें किसी जाल में तो नहीं फंसा रहे हैं। साथ में वे यह भी अवश्य सोचेंगे कि कहीं उनका मेहनत का पैसा डूब ही न जाए तो बजाय इसके कि आप उन्हें आप पर विश्वास दिलाने के लिए और माथापच्ची करें, आप उनके प्रश्न का उत्तर इस प्रकार दें-

"पिछले साल भी मैंने फलां-फलां लोगों के सामने ऐसा ही एक प्रोजेक्ट पेश किया था। लोगों ने उसमें पैसा लगाया और साल बीतते-बीतते उन्हें जो लाभांश मिला, उससे वे खासे संतुष्ट हुए और उन्होंने स्वीकार किया कि मेरे प्रोजेक्ट में पैसा लगाकर उन्होंने गलती नहीं की।" ऐसा कहते हुए आप उन लोगों के नाम-पते भी लिखवा सकते हैं। कुछ सफल व्यवसायी तो बाकायदा लोगों के प्रशंसा-पत्र व लाभ संबंधी वक्तव्य भी प्रकाशित करके अपने पास रखते हैं।

अब मान लीजिए कि कुछ लोगों को आप कोई प्रोडक्ट बेचना चाहते हैं। प्रोडक्ट की सभी खूबियां गिनवाने के बाद भी लोग आपसे सवाल करते हैं कि क्या यह सचमुच उतना ही टिकाऊ है जितना आप दावा कर रहे हैं?

ऐसे में आप उन्हें कुछ ऐसा कहें- 'मेरा मित्र इसी प्रोडक्ट को पिछले तीन सालों से प्रयोग कर रहा है और आज भी इस प्रोडक्ट पर

उसका विश्वास पूरी तरह कायम है, वह दीवाना है इसका। इसके सामने और दूसरी कोई चीज उसे भाती ही नहीं।' आपके आत्मविश्वास से भरे कथन का असर देखिए कैसे खुशबू जैसे काम करता है।

इस प्रकार –

अपने सामने बैठे लोगों के प्रश्न का उत्तर सीधे आपने न देकर आपके मित्र ने उनके प्रश्न का उत्तर दिया। यहां आपका कोई मित्र मौजूद नहीं, लेकिन आपने प्रश्न पूछने वाले की शंका का निवारण अपने किसी मित्र के हवाले से किया है, अतः ये लोग भी आपके प्रति अब विश्वास का नजरिया रखकर कोई निर्णय अवश्य लेंगे।

अगर सामने वाला यह कहता है कि मैं देख चुका हूं कि ऐसे व्यवसाय में धन लगाने से हमेशा नुकसान ही होता है। तब भी आपको उसकी बातों को सीधे-सीधे नहीं काटना है। ऐसा करना उसके मन में आपके प्रति और अविश्वास को जन्म देगा। इसलिए उसे वक्त का हवाला देकर केवल प्रोडक्ट इस्तेमाल करने का अनुरोध भर कीजिए।

इसी प्रकार यदि आप कहीं नौकरी करते हैं तो अपने मौजूदा बॉस का विश्वास जीतने के क्रम में आप सही अवसर देखकर उन्हें बता सकते हैं कि आपके पुराने मालिक आप पर बड़ा भरोसा करते थे। आपके साथ अपनी व्यक्तिगत समस्याएं तक शेयर करते थे। इस प्रकार पुराने मालिक के वक्तव्यों का हवाला देकर आप मौजूदा मालिक का विश्वास जीत सकते हैं।

मान लीजिए कि आपकी किसी से नई-नई मित्रता हुई है तो उस मित्र का विश्वास जीतने के लिए भी आप अपने किसी पुराने मित्र का वक्तव्य यहां इस्तेमाल कर सकते हैं। आप कह सकते हैं कि मेरा फलां मित्र मुझ से हमेशा कहा करता था, 'मुझे तुम पर स्वयं से भी अधिक भरोसा है।'

या

मेरा मित्र अक्सर मुझसे कहता था कि "तुम मेरे एक अच्छे दोस्त हो और मुझे पूरा विश्वास है कि जीवन में हर विपत्ति के समय तुम मेरी सहायता करोगे।" ऐसा कहकर आप अपने नए मित्र की ओर अपने झुकाव को पिछले संबंधों की आधारशिला दे सकते हैं।

इस प्रकार आप देखेंगे कि आपने स्वयं किसी के, किसी प्रश्न का उत्तर नहीं दिया बल्कि यहां आपके पुराने इन्वेस्टर्स आपके पूर्व मालिक या मित्र ने आपकी ओर से जवाब दिए। जल्दी ही आप देखेंगे कि जिन लोगों से आप मौजूदा समय में बात कर रहे हैं, वे आपसे प्रभावित हो रहे हैं। इस प्रकार आपने प्रत्यक्ष रूप से यह दावा नहीं किया कि आप पर आँख मूंदकर विश्वास किया जाए, लेकिन सामने वाले के लिए यह स्थिति भी नहीं छोड़ी कि वह एकदम से आप पर अपना अविश्वास जता पाए। इसका सिर्फ इतना रहस्य है कि आप पर पहले भी लोगों ने भरोसा किया है, यह विश्वास आप अपने सामनेवाले के मन में उतार देते हैं। एक प्रकार से आप मनोवैज्ञानिक तौर पर यह सिद्ध कर देते हैं–***"लोग पहले से आप पर भरोसा करते हैं और अगर वह व्यक्ति (या समूह) भी आप पर भरोसा करेगा तो उनको लाभ ही मिलेगा, नुकसान नहीं।"***

मनोवैज्ञानिकों ने इधर यह सिद्ध कर बताया है कि सकारात्मकता से आप लोगों का विश्वास जीतें बजाय इसके कि आप स्वयं कहते फिरें कि मेरा विश्वास करो और मैं विश्वास के योग्य हूं।

याद रखें –

☞ लोगों का विश्वास जीतने के लिए खुद की जगह किसी तीसरे व्यक्ति के माध्यम से अपनी बात को रखना ज्यादा प्रभावकारी है।

☞ अपनी सफलताओं के पुराने उदाहरण लोगों के समक्ष विश्वसनीयता और बल देकर प्रस्तुत करें।

☞ उनके समक्ष अपने पुराने रिकार्ड और आंकड़े सही परिस्थिति भांपकर प्रस्तुत करें।

निश्चित ही, इस प्रकार आप लोगों का विश्वास जीतने में अवश्य ही कामयाब होंगे तथा वे सदा के लिए आपसे जुड़ जाएंगे और लोगों से आपका जुड़ाव, आपके व्यवसाय व कैरियर को कहां ले जायेगा, कहने की जरूरत नहीं है।

हमें सर्वप्रथम जिस चीज को बदलने की जरूरत है वह हम स्वयं हैं। जब हम यह जान जाते हैं कि स्वयं को बदलना कितना कठिन होता है, तभी हम यह जान पाते हैं कि दूसरों को बदलना व अपने विचारों को मनवाना कितना कठिन होता है।

– सूर्या सिन्हा

लोगों पर छोड़ें प्रभाव

सभी लोग चाहते हैं कि दूसरे उनका कहना मानें लेकिन अक्सर ऐसा हो नहीं पाता। क्या आप इसके पीछे की कमजोर कड़ी जानते हैं? इसका सबसे प्रमुख कारण है कि हमारा काम करने का तरीका लोगों को प्रभावित करने की योग्यता नहीं रखता।

यदि आप चाहते हैं कि दूसरे लोग आपकी बात मानें और आपकी इच्छा के अनुसार कार्य करें तो सबसे पहले आपको उन्हें अपने प्रभाव में लेना होगा।

इसके लिए आपको निम्न बातों पर विशेष तौर से ध्यान देना है–

☞ सबसे पहले आपको पता लगाना है कि 'वे' क्या हैं?

☞ दूसरा, उन्हें क्या पसंद है और वे क्या चाहते हैं?

☞ फिर मालूम करें कि उन्हें किस बात या चीज से कैसे प्रेरित किया जाए?

दरअसल एक जैसी शारीरिक संरचना होने के बावजूद हम सभी मनुष्यों का नज़रिया अलग-अलग होता है, हमें अलग-अलग किस्म की चीज़ें पसंद होती हैं, हम प्रत्येक वस्तु, परिस्थिति, रिश्ते या संबंधों का अलग-अलग मूल्यांकन करते हैं। इस बात को स्पष्ट करने के लिए मैं आपके सामने छोटा-सा उदाहरण दे रहा हूँ।

मेरा एक मित्र है जोकि एक कम्पनी में सीनियर सेल्स मैनेजर के पद पर कार्य कर रहा है। मगर कुछ वर्ष पहले वह एक साधारण-सा सेल्समैन था। जब वह सेल्समैन था तब एक दिन उसने मुझे अपने यहां डिनर पर बुलाया। मैं उसके घर गया और मैंने देखा कि उसके घर में एक बड़ा-सा चूहा घूम-घूम कर उपद्रव मचा रहा है। चूहे की तरफ

देखते हुए मैंने अपने मित्र से कहा कि एक चूहेदानी क्यों नहीं ले आते? उसने कहा, ठीक है! कल ही ले आऊंगा और उसने ऐसा ही किया। अगले दिन एक चूहेदानी ले आया और चूंकि उसे स्वयं को सेब बहुत पसंद है, इसलिए उसने चूहे को पकड़ने के लिए उसमें एक सेब का टुकड़ा भी लगा दिया। दिन बीतते गए मगर चूहे ने न तो सेब के टुकड़े को खाया और न ही चूहेदानी में फंसा। कुछ दिनों बाद मेरे मित्र ने परेशान होकर मुझे बताया कि चूहा चूहेदानी में फंसता ही नहीं, जबकि वह उसके लिए रोज एक ताजा मीठे सेब का टुकड़ा उसमें लगाता है। इस पर मैंने उससे कहा कि चूहे को क्या पसंद है, क्या वह यह जानता है? मैंने उसे बताया कि चूहे की पसंद देखोगे तो पाओगे कि उसे सूखी बासी रोटी पसंद है। इसलिए आज तुम उस चूहेदानी में बासी सूखी रोटी का टुकड़ा लगाओ। मेरे उस मित्र ने, मेरे सुझाव के अनुसार उसी रात चूहेदानी में रोटी का टुकड़ा लगाया तो अगले दिन उसने उस चूहे को चूहेदानी में फंसा पाया। इस बात से उसने सदा के लिए एक सबक सीख लिया जिसे बाद में उसने अपने प्रोफेशन में भी लागू कर लिया।

'अगर हम किसी को अपने साथ जोड़ना चाहते हैं या किसी को कुछ बेचना चाहते हैं तो हमें यह नहीं देखना है कि हमें क्या पसंद है बल्कि हमें यह देखना है कि उन्हें क्या पसंद है व वह क्या चाहते हैं फिर उन्हें उनकी पसंद की चीज देने से ही कामयाबी मिलती है।'

दोस्तों, विश्वास मानिए इस सिद्धांत को अपनाने के बाद मेरा वही दोस्त जो अपनी कम्पनी में एक साधारण-सा सेल्समैन था, वही उस कम्पनी में एक सीनियर सेल्स मैनेजर के पद पर कार्य कर रहा है।

उपरोक्त उदाहरण से हमें यह सबक मिलता है कि ऐसा मानकर चलना हमारी भारी भूल होती है कि सबका नज़रिया हमारे जैसा है

अथवा जो चीज़ हमें पसंद है, वह औरों को भी पसंद आएगी या जिस चीज़ को पाने के इच्छुक हम हैं, दूसरे भी उसे पाने के उतने ही इच्छुक होंगे।

इसलिए सबसे पहले पता करें कि 'वे' सामने वाले क्या चाहते हैं, किस चीज को या किस मुकाम को पाना उनकी प्राथमिकता है। फिर आप उन्हें उन्हीं की इच्छानुसार प्रेरित करें। ***आपको उन्हें केवल यह समझाना है कि वे अपनी इच्छित वस्तु प्राप्त कर सकते हैं बशर्ते कि वे आपकी इच्छा के अनुरूप कार्य करें।***

लोगों को प्रभावित करने का यह एक बड़ा ही सधा हुआ मंत्र है। लेकिन यह मंत्र तभी प्रभावी होगा जब आप सामने वाले के विषय में अच्छी तरह से जान लें कि उसे क्या पसंद है और वह क्या चाहता है? फिर उसे यह विश्वास दिलाना है कि जो चीज वह चाहता है, उसे वह आपकी इच्छा के अनुरूप कार्य करके प्राप्त कर सकता है।

उदाहरण के लिए–

मान लें कि एक बहुत अच्छा टेक्नीशियन है जिसने बड़े ही नामी संस्थान से टेक्नीशियन की डिग्री हासिल की है। अब बहुत सी कम्पनियां उसके पीछे पड़ी हैं कि वह उनकी कंपनी ज्वॉइन करे। उसे एक-से-एक बेहतरीन प्रस्ताव मिल रहे हैं लेकिन वह कोई निर्णय नहीं कर पा रहा है। आपको भी उस टेक्नीशियन की जरूरत है, अतः आप सबसे पहले यह पता लगाएं कि वह क्या चाहता है–

- ❒ उन्नति के अवसर
- ❒ आर्थिक आजादी
- ❒ व्यक्तित्व विकास
- ❒ दूसरों की सहायता करना
- ❒ भविष्य की सुरक्षा
- ❒ विदेश में पढ़ाई के अवसर मिलना

ऐसे में आप उसकी इच्छानुसार अपना प्रस्ताव उसके सामने रखते हैं और बताते हैं कि आपकी कंपनी के साथ जुड़कर वह कितनी उन्नति कर सकता है।

या

आपकी कंपनी उसके भविष्य को किस हद तक सुरक्षा प्रदान कर सकती है!

या

आपकी कंपनी की प्राथमिकता होगी कि उसके सुखद भविष्य एवं कंपनी की उन्नति के लिए आपकी कंपनी उसे विदेश में अध्ययन करने का अवसर भी प्रदान करेगी।

उपरोक्त सारी स्थितियां सामनेवाले को उसका लाभ स्पष्ट करने के लिए काफी हैं। किसी भी स्थिति को पाने के लिए बस शर्त यही होगी कि वह आपकी कंपनी में आपके अनुसार कार्य करे।

आप देखेंगे कि वह आपके प्रस्ताव को मंजूर कर लेगा और आपकी इच्छानुसार कार्य करने के लिए तैयार हो जाएगा।

इस प्रकार, आप दूसरों से अपनी इच्छानुसार कार्य करवाने की कला में माहिर हो सकते हैं।

आपको केवल इतना करना है कि पहले लोगों की इच्छा का पता लगाएं कि उन्हें क्या चाहिए—इसका तरीका है, उनसे पूछना, उन्हें सुनना और उन्हें ध्यानपूर्वक समझना। एक बार आपने यह सीख लिया, फिर आपके प्रयत्न आपको इस कला में माहिर बना देंगे, यह तय मानिए।

लोगों से 'हां' कहलवाने की कला

लोगों से अपने मनमुताबिक 'हां' कहलवाना एक जबरदस्त कला है। किसी करिश्माई व्यक्ति में ही यह गुण होता है कि लोग उसकी बातों का समर्थन करें, उसकी हां में हां मिलाएं और उसकी बात को मानें। ऐसा करिश्माई व्यक्ति मानव संबंधों में निपुण होता है। वह लोगों से अपनी इच्छानुसार कार्य भी करवा लेता है और लोगों को यह एहसास भी नहीं होने देता कि वे अपनी नहीं बल्कि सामने वाले की इच्छानुसार कार्य कर रहे हैं। मार्केटिंग व सेल्स के लोगों के लिए यह कला तो चमत्कारिक नतीजे ला सकती है।

लोगों से 'हां' कहलवाने के सूत्र

1. उन्हें कारण गिनवाएं कि उन्हें 'हां' क्यों कहना चाहिए।
2. लोगों से 'हां' वाले प्रश्न पूछें। प्रश्न ऐसे हों कि सामने वाले को 'हां' ही कहना पड़े।
3. उन्हें दो 'हां' में से एक 'हां' चुनने का अवसर दें।
4. उन्हें विश्वास दिला दें कि उनके खुद के भले के लिए ही उनसे 'हां' की उम्मीद की जा रही है।

आइए अब इन सूत्रों को विस्तार से समझ लें–

सूत्र एक–आप लोगों से काम लेना चाहते हैं। वे स्वेच्छा से आपके लिए काम कर सकें, इसके लिए जरूरी है कि आप उस कार्य के पीछे के कारण को अवश्य बताएं, जो उनके हित को पूरा करता हो।

छोटों से कभी कोई भूल हो जाए तो हमें उनकी गलतियों को नजरअंदाज कर देना चाहिए और कोशिश करनी चाहिए कि हम उन्हें उनकी गलतियों का एहसास न कराकर, सही रास्ता दिखाएं। कारण, गलतियां छोटे व नामसमझ नहीं करेंगे तो कौन करेगा।

– सूर्या सिन्हा

उन्हें गिनवाएं कि यदि वे इस कार्य को करेंगे तो उनको अमुक लाभ मिलेंगे। कभी भी उन्हें यह न बताएं कि उनके उस कार्य को करने से आपको भी कोई फायदा होगा। उन्हें उनके फायदे ही गिनवाएं।

सूत्र दो – यह जरूरी है कि यदि आप किसी से 'हां' कहलवाने की अपेक्षा रखते हैं तो सबसे पहले उसके मस्तिष्क को पॉजिटविटी वाली स्थिति यानी 'हां' वाली स्थिति में ढालें। ऐसा करने के लिए आप उनसे तीन-चार 'हां' वाले प्रश्न कर सकते हैं जैसे–

- **क्या आप जीवन में बहुत उन्नति करना चाहते हैं, ऊंचे उठना चाहते हैं?**
- **क्या आप समाज में अपनी एक अलग पहचान बनाना चाहते हैं?**
- **क्या आप अपने धन और समय का भरपूर लाभ लेना चाहते हैं?**
- **क्या आप अपने परिवार की सभी जरूरतों को पूरा करना चाहते हैं?**
- **क्या आप चाहते हैं कि आपके बच्चे खूब तरक्की करें?**
- **क्या आप चाहेंगे कि लोग आपको हमेशा सम्मान के साथ याद करें?**

आपके इन सभी प्रश्नों का वह एक ही उत्तर देगा और वह है–'हां'। यह ध्यान रखें कि जब आप सामने वाले से हां वाला कोई प्रश्न पूछें तो अपना सिर भी हां में ही हिलाएं, इससे वह आपको अपने समर्थन में खड़ा पाता है और उत्तर भी आपके अनुकूल यानी 'हां' में ही देगा।

सूत्र तीन–कुछ लोग इस तकनीक का इस्तेमाल तो करते हैं, लेकिन एक गलती कर जाते हैं। वे सामने वाले से 'हां' और 'न' वाले प्रश्न पूछते हैं और आशा करते हैं कि उन्हें उत्तर 'हां' में मिले। यह तकनीक गलत है और अक्सर उलटी पड़ जाती है।

सही तकनीक यह है कि आप सामने वाले से ऐसे प्रश्न पूछें कि उसे दो 'हां' में से एक 'हां' चुनने का मौका मिले।

'हां' का सीधा मतलब है कि –'हां', वे इसे करेंगे।

'न' का मतलब है कि–नहीं, शायद वे इसे न करें।

आपका विशेष गुण यह होना चाहिए, आपकी बातचीत ऐसी हो कि इस ढंग से या उस ढंग से वे आपका या आपके लिए काम करेंगे ही करेंगे। अतः उन्हें सिर्फ 'हां' और 'हां' कहने का मौका दें।

मसलन–

आप किसी से मिलने का समय लेना चाहते हैं तो यह न कहें कि क्या आप आज मिलने का समय दे सकते हैं? हो सकता है आपके प्रश्न के उत्तर में समयाभाव के कारण वह 'नहीं' कह दे। अतः आप इस प्रकार कहें–'मिस्टर वर्मा! क्या आप आज दोपहर को मिलने का समय देंगे या शाम को या कल दोपहर को?'

इस प्रकार मिस्टर वर्मा का उत्तर हां में ही होगा। जैसे–'हां, कल सुबह।'

यहां 'न' वाली कोई बात ही नहीं हुई इसलिए एकाएक ही स्थिति न तक नहीं पहुंच सकी।

दूसरा उदाहरण–आप अगर सेल्समैन हैं तो आप अपने ग्राहक से इस प्रकार प्रश्न पूछ सकते हैं–"आपको इन दोनों में से एक पसंद है, है ना?"

इसी प्रकार –

"आप ये काम आज शुरू करना चाहेंगे या कल?"

"उत्तर होगा–'हां, आज' या –'हां, कल'"

"आप पेमेंट कैसे करना चाहेंगे? क्रेडिट कार्ड से या नकद?"

उत्तर दोनों में से एक ही होगा।

सूत्र चार–लोगों को यह विश्वास दिलाएं कि आप उनसे उन्हीं के लाभ के लिए 'हां' मांग रहे हैं। शुरू में सभी लोग अपनी बातों

व विचारों पर अटके होते हैं पर आपको उन्हें यह अहसास कराना है कि उनके अपने ही लाभ के लिए उन्हें आपकी बात जरूर माननी चाहिए।

दूसरे को राजी करने के लिए आपको उसके लाभ की बात पहले करनी है न कि अपने लाभ की। यह एक मनोवैज्ञानिक तकनीक है। यह प्रामाणिक तकनीक है और यह व्यक्ति को सफलता के सफर में आगे बढ़ाने में सदा सहायक सिद्ध होती है।

दूसरों के चहेते बनने की कला

आपने देखा ही होगा कि लोग एक-दूसरे के चहेते बनकर समाज से वह सब प्राप्त कर लेते हैं जो अकेले रहकर उन्हें नहीं मिलता। समाज में ऐसे लोग चर्चा व ईर्ष्या का विषय बन जाते हैं। कभी आपने इस पर गौर किया कि आखिर दो लोगों के बीच यह आकर्षण कैसे बनता है! आपने खुद से कभी यह सवाल किया है कि आखिर कोई क्यों आपको चाहेगा? क्या आप जबरन इस बात के लिए किसी को मजबूर कर सकते हैं कि वह आपको चाहे या पसंद करे।

इसके दोनों ही उत्तर हैं। *नहीं भी और हां भी।*

नहीं इसलिए कि यदि आप इस कला में माहिर नहीं हैं तो नहीं कर सकते और यदि आप इस कला में माहिर हैं तो कर सकते हैं और यह बेहद आसान है।

इस कला का छोटा सा नाम है—मुस्कान। आप मुस्कान बिखेरिए। इसमें आपको कोई पूंजी नहीं लगानी पड़ती, कोई साधना नहीं करनी पड़ती, लेकिन आप बहुत कुछ पा लेते हैं।

इसे दूसरों को देकर आप कुछ खोते नहीं, बल्कि पाने वाला स्वयं को मालामाल महसूस करता है।

गौर से इसकी महिमा को देखिए। आपके होठों पर केवल एक क्षण, मात्र एक क्षण के लिए मधुर मुस्कान उत्पन्न होती है, लेकिन सामने वाले के दिल में एक लम्बे समय तक इसकी स्मृति बनी रहती है और कभी-कभी तो उम्र भर।

यदि आपकी मुस्कान में मोहकता है तो सामने वाला आपको चाहने पर मजबूर हो जाएगा।

आपने अक्सर लोगों को यह कहते सुना होगा–'उसकी मुस्कान बहुत प्यारी है।'

छोटी-सी मुस्कान क्या-क्या कर सकती है–

- इससे परिवार में सुख का वातावरण बनता है।
- व्यापार में वृद्धि होती है।
- मित्रों और शुभचिंतकों की संख्या बढ़ती है।
- यह थके हुए के लिए आराम का काम करती है।
- हतोत्साहित को उत्साह प्रदान करती है।
- कष्ट में घिरे व्यक्ति के लिए मरहम की भांति है।

अब सोचिए, मुस्कान से क्या हासिल नहीं किया जा सकता है?

लोगों को जोड़ने और लोगों से जुड़ने में तो यह किसी भी सुपर एडहेसिव से ज्यादा कारगर सिद्ध होती है क्योंकि इसका मजबूत जोड़ आसानी से नहीं टूटता।

याद रखें–

इंसान में 'जैसे को तैसा' की प्रवृत्ति होती है और इसका लाभ कोई व्यवहारकुशल व्यक्ति ही ले सकता है।

अतः–

जब भी आप पहले-पहल किसी से मिलें तो सबसे पहले उसकी नजरों से नजरें मिलाकर एक मोहक-सी मुस्कान अपने होठों पर बिखेर दें।

इसका तुरंत चमत्कारिक प्रभाव होगा और 'जैसे को तैसा' नियम के अनुसार वह भी अपने होठों पर मुस्कान सजाकर आपका स्वागत करेगा।

इस प्रकार एक बहुत ही खुशनुमा माहौल आपके बीच कायम हो जाएगा।

और यह तो आप जानते ही हैं कि किसी से आपसी तालमेल बनाने में 'माहौल और भाव', इन दोनों की ही बेहद महत्त्वपूर्ण भूमिका होती है। इस तरह से बताए गए 'मुस्कान' के नियम के तहत, आप अपने अनुसार माहौल स्थापित करने में कामयाब हो जाएंगे। मुस्कान बिखेरकर दोस्ताना

'भाव' भी आप जाहिर कर चुके हैं। सुझाव यही है कि अपने हक में माहौल बनाने की पहल आप ही करें। व्यापार की दुनिया व सेल्स व मार्केटिंग के विशेषज्ञों को संसार में यह फार्मूला बेहद सटीक बैठता है। इसी नियम पर लाखों-करोड़ों के वारे-न्यारे हो सकते हैं। कैसे?

यदि आप पहल का यह अवसर चूक जाएंगे तो फिर बातचीत का माहौल सामने वाला तय करेगा। फिर आपको उसके बनाए गए माहौल के अनुसार बात करनी होगी। दूसरे के द्वारा बनाया गया माहौल आपके लिए अनुकूल भी हो सकता है और प्रतिकूल भी। व्यापारी इसे भली-भांति जानते हैं।

इसलिए इस मामले में 'जैसे को तैसा' वाला सिद्धान्त कभी न भूलें।

हालांकि आम लोग जैसे को तैसा वाला नियम बुरे के बदले बुरा करने में तो बड़ी तत्परता से अपनाते हैं, लेकिन खास लोग-व्यवहारकुशल लोग, अच्छे के बदले अच्छा देने और पाने की नीति पर चलते हैं और ऊँचाइयों को छू लेते हैं।

वे जानते हैं कि वे जो कुछ भी और जैसा लोगों को देंगे, वही और वैसा ही उन्हें मिलेगा। अतः स्थिति कितनी भी तनावपूर्ण एवं जटिल क्यों न हो, वे अपनी मुस्कान से उसे पल-भर में ही सहज बना लेते हैं। उदास व घुटन भरे माहौल को भी वे अपनी मुस्कान से अपने अनुकूल और अपने पक्ष में कर लेते हैं और ऐसे ही लोग दूसरों के चहेते बन जाते हैं।

अतः याद रखें-

मुस्कुराइये और लोगों का चहेता बनिए। अपनी शख्सियत को यादगार बनाएं। छोटी-सी मुस्कान मीलों लम्बे फासलों को पलभर में पूरा कर लेती है।

आभार जताएं साफ शब्दों में

मानव चरित्र को समझने वाले अच्छी तरह जानते हैं कि मानव की प्रकृति सदा ही प्रशंसा सुनने की आदी रही है। इसे इस बात से समझ सकते हैं कि यदि किसी व्यक्ति ने आप पर कोई उपकार किया है और बदले में आप उसे धन्यवाद नहीं कहते या आभार प्रकट नहीं करते हैं तो उसे बुरा लगता है व समाज इसे बुराई के रूप में देखता है।

अतः यह जरूरी है कि यदि कोई व्यक्ति आप पर कोई उपकार करता है, आपका कोई भला करता है, आपको किसी प्रकार की शारीरिक या मानसिक राहत पहुंचाता है तो मानवीय संबंधों की मजबूती और व्यवहार कुशलता के लिए जरूरी है कि आप उसका खुले दिल से आभार प्रकट करें। ऐसा आप पूरी ईमानदारी और दिल से करें। इसमें कंजूसी न करें और न ही कोई औपचारिकता निभाएं।

खासतौर पर बिजनेस व मार्केटिंग के दुनिया से जुड़े लोगों को इसे अपने 'सेल्स किट' में 'बेस्ट टूल' यानी सर्वोत्तम औजार के रूप में शामिल कर लेना चाहिए।

इसे मत भूलिए कि लोग अहसान फरामोश यानि नाशुक्रगुजार लोगों को पसंद नहीं करते और न ही भविष्य में उनकी किसी प्रकार की मदद के लिए तैयार ही होते हैं। इस प्रकार एक अवगुण के कारण व्यक्ति अपने संबंधों से मिलने वाले लाभों को सदा के लिए समाप्त कर देता है।

अतः भूल से भी आभार जताने में कोताही न दिखाएं।

कुछ लोगों की आदत होती है कि अपने से धन-बल या रुतबे में

छोटे व्यक्ति को कभी कोई महत्व नहीं देते, भले ही वह उनका कितना ही भला क्यों न कर दे! वे एहसान मानकर धन्यवाद या आभार प्रकट करने के बजाय 'चलो, ठीक है' कहकर बात को समाप्त कर देते हैं। यह व्यवहार न तो मानवीय है और न ही सामाजिक। इस प्रकार के व्यवहार से न केवल असभ्यता जाहिर होती है बल्कि आपका अहंकार भी बुराई के रूप में सामने आता है।

यदि किसी ने आपके लिए कुछ अच्छा किया है तो चाहे वह धन-बल या रुतबे में आपसे कितना ही छोटा क्यों न हो, आपको चाहिए कि उसके प्रति आप आभार जरूर प्रकट करें। उसका नाम लेकर 'धन्यवाद' कहें और यह भी स्पष्ट रूप से कहें कि आप उसके कार्य से बेहद खुश हैं। जब इस प्रकार आप उसकी प्रशंसा करेंगे तो वह स्वयं को गौरवान्वित महसूस करेगा। उसे लगेगा कि इस दुनिया में उसका भी कोई महत्त्व है, उसका भी कोई अस्तित्व है। आपका मीठा व्यवहार उसे हमेशा के लिए आपसे जोड़ देगा।

समझ लें-

- ❑ 'धन्यवाद कहना' एक ऐसी कला है जिससे लोग मन से आपके साथ जुड़ते हैं।
- ❑ आभार प्रकट करने से मानवीय संबंधों में मजबूती आती है।
- ❑ जिसका धन्यवाद अदा कर रहे हैं उसका नाम लेकर और उसकी आंखों में आंखें डालकर कहें-"धन्यवाद मिस्टर सुरेश! आपके इस उपकार को मैं हमेशा याद रखूंगा।"
- ❑ छोटी-छोटी बातों पर भी धन्यवाद देना जहां व्यावहारिक तौर पर आपकी अच्छी छवि बनाएगा, वहीं सामने वाले के लिए भी यह पुरस्कार स्वरूप होगा। उसका हौसला बढ़ेगा और वह हमेशा आपके भले और अच्छे की कामना करेगा।
- ❑ मनुष्य को आभार जताने के लिए पशुओं के तौर-तरीकों से भी कुछ सीखना चाहिए। सबसे अच्छा उदाहरण है-कुत्ता। जब भी

आप प्यार से उसे बुलाते हैं तो फौरन पूंछ हिलाकर वह आपके प्यार के प्रति आभार प्रकट करता है और जब आप उसे कुछ खाने के लिए देते हैं तो उसकी पूंछ तेजी से और काफी देर तक हिलती रहती है जिसका सिर्फ यही अर्थ होता है कि मैं आपका बहुत-बहुत आभारी हूं।

सैकड़ों साल से यह बात कही जा रही है और समय की कसौटी पर हमेशा सच्ची साबित हुई है कि – इंसान जैसा बोता है, वैसा ही काटता है। इसीलिए हमें अपने मन, विचार, कार्य और आत्मा में ऐसे बीज नहीं बोने चाहिए कि कल जब हम उनकी फसल काटें तो आंसू बहाने पड़ें।

– सूर्या सिन्हा

ऐसे करें भलाई

कुछ लोग दूसरों की भलाई तो करते हैं, लेकिन भलाई करने का सही ढंग नहीं जानते, मसलन–

वे किसी की आर्थिक मदद करेंगे तो बड़ा ही एहसान जताकर करेंगे।

वे अपने द्वारा की गई भलाई का गुणगान करते हुए अक्सर कुछ ऐसे शब्द भी बोल देते हैं जिससे सामने वाला स्वयं को अपमानित महसूस करता है।

खुद को भला व सामने वाले को उतना भला न मानते हुए वे अहंकार से भरकर उसे ऐसी दृष्टि से देखते हैं, मानो वह बड़ा ही तुच्छ और नासमझ हो।

ये सभी तरीके बड़े ही अव्यावहारिक हैं। आप यदि किसी की मदद करते हैं तो इस प्रकार करें कि न तो उसे अपना अपमान महसूस हों और न ही उसे यह अहसास हो कि आप उस पर रत्ती भर भी कोई अहसान कर रहे हैं।

सूत्र यह है कि *किसी का भला करते समय आपके मन में सिर्फ सहयोग की भावना हो, स्वार्थ की नहीं।*

आप सामने वाले को इस प्रकार कह सकते हैं–'हम एक-दूसरे के मित्र या अच्छे संबंध रखनेवाले हैं। एक दूसरे के दुख-सुख में काम आना हमारा फर्ज है, इसे किसी प्रकार का बोझ या अहसान न समझें।' इस प्रकार के वचन बोलकर आप उसे सहज कर सकते हैं और सदा के लिए कृतज्ञ बना सकते हैं।

आप इस भावना से भरकर जब किसी की भी मदद करते हैं तो उसके मन में आपके प्रति प्यार और सम्मान बढ़ जाता है। ऐसा व्यक्ति अवसर मिलने पर आपके लिए बड़े से बड़ा त्याग कर सकता है। यहाँ तक कि वह जीवन के हर विकट दौर में आपके साथ कदम-से-कदम मिलाकर चल सकता है।

निश्चित ही ऐसा व्यक्ति दूसरों के सामने आपके व्यवहार, नम्रता और सहयोग की भावना की प्रशंसा करता है। ध्यान रहे, पीठ पीछे किसी के द्वारा की गई आपकी प्रशंसा से आपकी छवि बहुत अधिक निखरती है। लेकिन इसके साथ ही यह बात भी विशेष रूप से याद रखने वाली है कि आप यदि किसी पर एहसान करते हैं या किसी की भलाई करते हैं तो अपने मुंह से इसे दूसरों के सामने बखान करते न घूमें। बात-बात में लोगों को न जताएं कि मैंने फलां के लिए यह किया, मैंने वह किया या उस पर मेरे बहुत एहसान हैं। इस प्रकार अपने मुंह मियां मिट्ठू बनने से आपकी छवि तो खराब होगी ही, लोगों की नजरों में भी आप उनके विश्वास के योग्य नहीं रहेंगे।

यह बेशकीमती सूत्र सदा याद रखें : ***जहां तक कोशिश हो, दूसरे की कमजोरी और जरूरत पर पर्दा डालें।***

कोशिश करें, जिसकी आप मदद कर रहे हैं, उसे आप बार-बार यह एहसास न कराएं कि 'मैं आपकी मदद कर रहा हूं।' आप सामने वाले को सिर्फ यही एहसास कराएं कि आप इन्सानियत, मित्रता या फिर रिश्ते की वजह से उसकी मदद कर रहे हैं। समय आने पर आप स्वयं देखेंगे कि आपके उस अहसान, भलाई या मदद के बदले आपके लिए वह व्यक्ति सब कुछ करेगा जो आप उससे चाहेंगे। ऐसे में वह लाभ भी आप उससे उठा सकते हैं जिसकी उम्मीद में आपने उसकी मदद की है।

यह नियम प्रत्येक पर लागू होता है चाहे वह सामाजिक संबंधों की वजह से आपका परिचित हो या फिर व्यापारिक वजहों से। व्यापारिक जगत में ऐसे अनगिनत उदाहरण हैं जिनमें किसी व्यक्ति के करोड़ों का व्यापार खाक हो जाने पर, ऐन मौके पर किसी दूसरे अंजान परिचित व्यक्ति द्वारा मदद से उस व्यक्ति को दोबारा से गर्त से उबार कर सफलता की बुलंदियों पर पहुंचा दिया।

हम भी यदि अपने पुराने अनुभवों का अध्ययन करें तो ऐसे कई उदाहरण पाएंगे कि किसी व्यक्ति ने किसी की मदद की और भूल गया, बाद में किसी संकट की घड़ी में उसने देखा कि वही व्यक्ति किसी देवदूत की भांति उसके सहयोग के लिए आ खड़ा हुआ।

दोस्तो! ये बातें हालांकि बहुत छोटी-छोटी हैं, लेकिन जीवन में इस प्रकार की व्यावहारिक बातों का महत्त्व बहुत बड़ा है। इस प्रकार की व्यावहारिक बातें व्यक्ति की सफलता-असफलता में निर्णायक और अहम भूमिका निभाती हैं।

व्यापारिक क्षेत्र के जानकारों का कहना है कि जब आप सफलता की सीढ़ियां चढ़ रहे हों तो नीचे उतर रहे लोगों से संबंध जोड़ना ना भूलें। समय का चक्र जब पलटेगा तो हो सकता है कि वे सीढ़ियाँ चढ़ रहे हों और आप सीढ़ियों से नीचे जा रहे हों।

बातचीत में कुशलता

लोगों से बातचीत करना अपने आप में बहुत बड़ी कला है, ज्यादातर लोग ऐसा करना नहीं जानते। भले ही वे खुद को बहुत बुद्धिमान मानते हों, पर उन्हें यह कला आती हो, यह जरूरी नहीं।

क्या आपने यह नोट किया है कि अधिकांश लोग दूसरों की बातें सुनने में कोई खास दिलचस्पी नहीं लेते, क्या आपको इसके कारण पता हैं?

लेकिन इससे पहले एक पल रुककर जरा खुद से यह पूछिए, सोचिए कि कोई आपकी बात सुने क्यों?

दरअसल लोग किसी भी बात को रुचि की वजह से सुनते हैं लेकिन लोग दूसरों से बात करते समय उनके मनपसंद विषय को चुनते ही नहीं। वे 'मैं', 'मेरा', 'मुझे' जैसे शब्दों से अपनी बात आरम्भ करते हैं और अक्सर ऐसा कहते पाए जाते हैं –

- मैं ऐसा नहीं मानता।
- मुझे यह बात पसंद नहीं।
- मेरे काम करने का ढंग अलग है।
- मैं लोगों का अच्छा करता हूं और मेरे लिए लोग हमेशा गलत करते हैं।
- अब मैं किसी की परवाह नहीं करता।

यह रवैया और इसे जुड़ी बातें ही सबसे बड़ा कारण हैं जिस कारण सामने वाला यानि श्रोता, वक्ता की बातों में अरुचि प्रदर्शित करता है।

वास्तविकता यह है कि कोई भी व्यक्ति आपकी नहीं, बल्कि अपने लिए बात सुनना चाहता है।

मगर लोग इस रहस्य मर्म को समझने के लिए तैयार ही नहीं। अगर उनसे गलती हो भी जाए तो भी वे अपनी गलती को सीधे-सीधे नहीं स्वीकारते। उसके बदले वे स्वयं की बात को ही ऊपर रखकर दूसरों को दोष देने की गलती ही दोहराते हैं।

ऐसी स्थिति में वे कुछ ऐसा कहते हैं-

- मैंने अब अपने आपको बदल लिया है।
- मैं अब किसी पर विश्वास नहीं करता।
- मुझे सबने धोखा दिया है।
- अब मैं आपको दिखाऊंगा कि मैं क्या कर सकता हूं।

अब आप स्वयं सोचकर देखें कि अगर सामने वाला स्वयं को लेकर या स्वयं की प्रशंसा पर ही केंद्रित हो तो क्या आप उससे बातचीत करना पसंद करेंगे? शायद कभी भी नहीं।

ज्यादातर लोगों की इच्छा होती है कि आपसी बातचीत का विषय 'वे स्वयं' हों। जो भी संवाद हो, लोग उसमें अपनी छवि देखना चाहते हैं।

मनोविश्लेषकों की रिसर्च के प्रमाण मौजूद हैं कि **लोग अपने विषय में बात करना व सुनना सबसे ज्यादा पसंद करते हैं। जब आप उनसे उन्हीं के विषय में बात करेंगे तो वे आपके साथ बातचीत में निश्चित रूप से दिलचस्पी दिखाएंगे। वे आपको प्रशंसात्मक दृष्टि से देखेंगे और आपके बारे में अच्छा सोचेंगे।**

इसमें कोई बुराई नहीं, असल में यही मानव स्वभाव है।

जब हम दूसरों से उन्हीं के बारे में बात करते हैं तो स्वाभाविक रूप से उन्हें अच्छा लगता है। उस माहौल में बातचीत आगे बढ़ाने की दृष्टि से सही रहता है और यह सब मानव प्रकृति के अनुकूल है, किंतु जब आप उनसे अपने बारे में बात करते हैं तो स्वाभाविक है कि उसमें उनकी अधिक रुचि नहीं होगी और वे अनमने ढंग से 'हां', 'हूं' करके

चाहेंगे कि बातचीत का सिलसिला जल्दी बंद हो और आप उनके सामने से हट जाएं क्योंकि आपका संवाद मानव प्रकृति के नियमों के अनुकूल नहीं है।

अतः बातचीत की कला में कुशल होने के लिए आप अपने दिमाग से इन तीन शब्दों–मैं, मेरा, मुझे–निकाल दें और इसकी जगह केवल दो शब्दों को स्थान दें और वे शब्द हैं – **पहला, आप और दूसरा, हम।**

इसके बाद, आप बातचीत का सिलसिला कुछ इस प्रकार शुरू कर सकते हैं–

- हम ऐसा करें तो हम सभी के लिए अच्छा रहेगा।
- हम मिलकर इस काम को करेंगे तो हमें सफलता अवश्य मिलेगी।

यहां विशेष रूप से यह ध्यान रहे कि 'मैं' की हमेशा हार होती है और 'हम' की हमेशा जीत। कारण 'मैं' में स्वार्थ छिपा होता है और 'हम' में प्रेम, सद्‌भाव व अपनापन।

मगर कुछ लोग ऐसे भी होते हैं जो सिर्फ और सिर्फ स्वयं के बारे में ही सुनना पसंद करते हैं। ऐसे लोगों के सामने आप सिर्फ उन्हीं के विषय में बातें करेंगे तो उन्हें अच्छा लगेगा, ऐसे लोगों से भी आप अपने मनचाहे कार्य निकलवा सकते हैं, बस, ऐसे लोगों के सामने कुछ इस तरह के वाक्यों का प्रयोग करें–

जैसे – जब आप किसी से पूछते हैं– 'आप कैसे हैं?'

तब वह स्वाभाविक रूप से मुस्कराकर कहता है–'अच्छा हूं।'

आप पूछते हैं–'आपका बेटा, बेटी या परिवार...।'

वह कहता है–'सब कुशल हैं।' आगे के संवाद को सदा इस आधार पर कीजिए:

- यह आपके लिए है।
- ऐसा करके आपको फायदा होगा।
- ऐसा करने से आपके सम्मान में वृद्धि होगी।
- आपके परिवार में खुशहाली आएगी।

जब ऐसा व्यक्ति लगातार अपने से जुड़ी इच्छाओं व भावनाओं की पूर्ति की संभावनाएं देखेगा तो वह व्यक्ति लगातार आपसे जुड़ता चला जाएगा और चाहेगा कि आप दोनों की बातचीत का सिलसिला और आगे बढ़े। जब ये स्थितियां बढ़ जाएं तो आप अपनी बिजनेस प्लान, मार्केटिंग प्लान या प्रोडक्ट के बारे में सूचना दे सकते हैं। बीमा, डायरेक्ट सेल्स, नेटवर्क मार्केटिंग आदि क्षेत्रों में इस तरह की सोच से आप भरपूर कमाई कर सकते हैं।

कुछ लोगों की समस्या अलग तरह की होती है। वे अहंग्रस्त होते हैं और **'मैं, मेरा या मुझे'** तक सीमित रहते हैं, इससे सामने वाला बोरियत और बुरा महसूस करता है। भला किसी के पास इतनी फुर्सत ही कहां है कि वह आपकी बात सुने या आपकी समस्या जाने, आपके परिवार के बारे में सुने। इसलिए ऐसे लोगों से दूसरे लोग कटने लगते हैं। ऐसे लोगों के बारे में अक्सर लोगों को यह कहते पाया गया है कि 'बेवकूफ आदमी है, जब देखो तब अपनी बड़ाई करता रहता है' या 'अपने परिवार का रोना रोता रहता है', या 'जब देखो तब अपने बिजनेस की बातें करता रहता है। अरे भई! तुम्हारा बेटा निकम्मा है, तुम्हारा बेटा जीनियस है, तुमने इतनी तरक्की कर ली, हमें इन बातों से क्या लेना-देना।'

इसलिए दोस्तो, आप अपनी बात का केंद्रबिंदु सामने वाले को ही बनाएं और 'आप' शब्द का इस्तेमाल निरंतर करते हुए बातचीत को उस स्तर तक लाएं कि आपकी बात सुनकर उसे भी प्रसन्नता हो। आप मैं, मेरा, मुझे जैसे शब्दों से छुटकारा पा लें तो आपका प्रभाव बढ़ेगा, आपके

व्यक्तित्व में आश्चर्यजनक रूप से निखार आएगा, आप दूसरों की पसंद और उनके आकर्षण का केन्द्र बन जाएंगे, वे चाहेंगे कि आप उनसे लगातार बातचीत करें व उनके संपर्क में रहें लेकिन झूठी तुष्टि देने वाले इन शब्दों (मैं, मेरा, मुझे) का त्याग करना इतना आसान नहीं है, इसके लिए भी आपको निरन्तर अभ्यास की जरूरत है और जब आप कामयाब हो जाएंगे तो तब्दीलियां आपको स्वयं ही दिखाई देने लगेंगी।

याद रखें–

अधिकतर लोग दूसरों पर प्रभाव नहीं छोड़ पाते, क्योंकि वे अपने विषय में ही अधिक सोचते हैं, अपने बारे में ही बातें करते हैं। जबकि हमें सफल वार्ताकार बनने के लिए यह देखना चाहिए कि हमारे श्रोता को क्या पसंद है? अतः दूसरों से बातें करते समय उन्हीं के बारे में बातें करें और उन्हें भी उनके बारे में ही बातें करने का अवसर भी दें।

बनें प्रभावशाली वक्ता

कुछ लोग अच्छा सोच तो लेते हैं, लेकिन प्रभावशाली ढंग से अपनी बात को रख नहीं पाते। दरअसल अच्छा वक्ता होना भी एक हुनर है। इसमें माहिर व्यक्ति महत्त्वहीन बात को भी कुछ इस ढंग से व्यक्त करता है कि वह महत्त्वपूर्ण हो जाती है लेकिन जो इस कला में कुशल नहीं है उसकी स्थिति बहुत विकट है वह व्यक्ति अपनी महत्त्वपूर्ण बातों को भी सही और प्रभावशाली ढंग से नहीं कह पाता और जीवन में अनगिनत असफलताओं का मुंह देखता है।

इस विषय पर मैंने **'आओ, बनें सफल वक्ता'** नामक विचारोत्तेजक पुस्तक लिखकर कई महत्वपूर्ण सूत्रों को पाठकों तक पहुंचाने का प्रयास किया है। यह पुस्तक न सिर्फ आपको एक सफल वक्ता के गुणों से अवगत कराती है बल्कि वह आपके संपूर्ण व्यक्तित्व का विकास करके, आपको जीवन में सफल होने के रास्ते भी स्पष्टता से दिखाती है।

यहां मैं आपके लिए कुछ उन खास नियमों पर प्रकाश डाल रहा हूं जो आपके व्यावहारिक पक्ष को मजबूत करेंगे और मानव संबंधों को मजबूत बनाने में मददगार सिद्ध होंगे।

चंद स्थितियां देखें :

☞ कुछ लोग बोलना तो शुरू कर देते हैं लेकिन बात पूरी नहीं कर पाते क्योंकि वे पहले से ही यह फैसला नहीं किए हुए होते कि उन्हें किस विषय पर बोलना है! इसलिए पहले से अपने विषय पर पूरी तैयारी रखें और तब बोलें। इससे आप धाराप्रवाह

और प्रभावशाली ढंग से बोल पाते हैं, सामनेवाले पर भी उसका गहरा प्रभाव पड़ता है और वह आपसे प्रभावित होता है।

- ☞ बोलने से पहले मन–मस्तिष्क में अच्छी तरह नाप–तौल लें कि आप किस विषय पर बोलने जा रहे हैं। आप जिस विषय पर बोलना चाहते हैं उसकी पूरी जानकारी आपको होनी बहुत जरूरी है।
- ☞ संक्षेप में अपनी बात कहें, लेकिन आसानी से समझ में आने वाली भाषा का प्रयोग करें। गूढ़ यानि कठिन शब्दों का प्रयोग न करें।
- ☞ केवल मुद्दे की बात करें और फिर अन्य को बात कहने का अवसर दें।
- ☞ बातें करते समय सीधे श्रोता की ओर देखें। उनकी आंखों में आंखें डालकर अपनी बात कहें। मनोविश्लेषकों का मानना है कि जो लोग भाषण पढ़कर देते हैं, श्रोताओं पर उस भाषण का विशेष प्रभाव नहीं पड़ता।
- ☞ बात उसी विषय पर करें जिसमें श्रोता की दिलचस्पी हो या जिस संदर्भ या विषय के श्रोता आपके सामने हों। श्रोताओं की दिलचस्पी एवं पसंद को विशेष महत्व दें न कि अपनी पसंद और दिलचस्पी की बात करें। सफल वक्ता वही है जो लोगों की पसंद और रुचि की बात करके उनका दिल जीत ले।
- ☞ यदि आप भाषण दे रहे हैं तो भाषण ही दें। लोगों को नसीहत न देने लगें। लोग हर वक्त नसीहतें पसंद नहीं करते। यदि जरूरी ही है तो उदाहरण पेश करें। उदाहरण में किसी काल्पनिक पात्र को भी आप नसीहत दे सकते हैं। इससे आपका उद्देश्य भी पूरा हो जाएगा और श्रोताओं को बोरियत भी नहीं होगी, साथ ही उन्हें आपका जरूरी संदेश भी मिल जाएगा।

यहां हम, आप और आपके व्यवहार पर विस्तार से चर्चा कर रहे हैं इसलिए **'प्रभावशाली वक्ता बनें'** विषय पर विस्तार से चर्चा नहीं

की जा रही है। निश्चित ही, इस विषय पर आप पूर्ण जानकारी पाएंगे या अपने आपको एक सफल वक्ता के रूप में भी देखना चाहते हैं तो आप मेरे द्वारा लिखी गई पुस्तक **'आओ, बनें सफल वक्ता'** अवश्य पढ़ें। मुझे पूर्ण विश्वास है कि यह पुस्तक आपके जीवन में एक महत्वपूर्ण व निर्णायक भूमिका निभा पाने में सफल रहेगी।

मार्केटिंग व सेल्स के लोगों को चाहिए कि उनकी बातचीत स्पष्ट और संक्षिप्त हो ताकि जो संदेश वे अपने क्लाइंटस (ग्राहकों) तक पहुंचाना चाहते हैं वह उन तक पहुंच जाए।

न जाने क्यों आजकल लोग सच्चाई, ईमानदारी और इंसानियत के बदले ईंट, चूने और सीमेंट का मूल्य लगाने लगे हैं। शायद वे यह भूल रहे हैं कि सच्चाई, ईमानदारी और इंसानियत का मंदिर अगर एक बार टूट गया तो फिर किसी में इतनी काबिलीयत नहीं कि इसे दोबारा बना सके।

– सूर्या सिन्हा

लोगों के सम्पर्क में रहें

समय था जब लोगों से संपर्क साधना एक जटिल काम था, लेकिन विकास की रफ्तार ने इस कार्य को बेहद आसान कर दिया। मोबाइल फोन आ जाने से तो दूरियां बिल्कुल ही नहीं रहीं। इसके बावजूद देखा गया है कि कुछ लोग अभी भी दूसरों से संपर्क साधने में कंजूसी करते हैं।

आपको चाहिए कि यदा-कदा अपने मित्रों, हितैषियों, संबंधियों आदि को फोन करके उनके हालचाल पूछते रहें। इससे जहां मानवीय संबंधों को मजबूती मिलती है, वहीं मित्रों, हितैषियों और संबंधियों की नजरों में आपकी छवि उनके शुभचिंतक वाली बन जाती है।

जरा कल्पना कीजिए कि वर्षों पूर्व आपका कोई मित्र विदेश में जाकर बस गया है। समय के साथ-साथ आपके मन में उसकी यादें धुंधली पड़ चुकी हैं लेकिन अचानक एक दिन आपके फोन की घंटी बजती है। आप कॉल रिसीव करते हैं और दूसरी ओर से आपको अपने मित्र की आवाज सुनाई देती है–'हैलो सर्वेश! मैं कार्तिकेय, कनाडा से. .. अरे भूल गये क्या?' और आप सुखद आश्चर्य से भर उठते हैं। आपका दिल गुदगुदा जाता है यह सोचकर विदेश में बैठे आपके मित्र ने आपको याद रखा। बातों का सिलसिला चलता है और इसी के साथ आप उससे गहरे तक जुड़ जाते हैं।

इसी प्रकार आप जब अपने किसी मित्र या संबंधी को फोन करके हालचाल पूछते हैं और ऐसा कहते हैं कि 'आज आपकी बड़ी याद आ रही थी तो सोचा, फोन करूं।' आपका वह मित्र या संबंधी गहरे तक आपसे जुड़ जाता है। आपके संबंधों में और अधिक दृढ़ता आ जाती है। उसके भीतर भी यह धारणा बनती है कि आप उसके सच्चे हितैषी हैं।

इस प्रकार संबंधों को मजबूत करने में फोन की महत्वपूर्ण भूमिका को नजरअंदाज नहीं कर सकते। आप अपने मिलने वालों के जन्मदिन, शादी की तारीख आदि पर फोन द्वारा उन्हें बधाई दे सकते हैं। एसएमएस द्वारा बधाई संदेश और त्योहारों की शुभकामनाएं दे सकते हैं। इस प्रकार आप अपने संबंधों को बेहद मजबूत बना सकते हैं। लोग आपको चाहने लगते हैं, पसंद करते हैं। वे आपकी बात को ध्यान से और गंभीरतापूर्वक सुनते हैं और आपकी जरूरत पर आपको सहयोग भी देते हैं। अतः कभी भी मिलने-जुलने वालों, परिचितों, मित्रों और संबंधियों के बीच लंबी दूरी न आने दें। फोन द्वारा उनके करीब बने रहें, उनके संपर्क में रहें। विशेषतौर पर मार्केटिंग, सेल्स व नेटवर्किंग की दुनिया के लोगों के लिए तो फोन उनकी जान है। लाखों-करोड़ों के संबंध व व्यापार, एक फोन कॉल के जरिए बन जाते हैं। फोन का अच्छा डाटा बेस किसी भी संस्थान के लिए लाइफ-लाईन बन जाता है। लगातार सक्रिय रहने वाले एक्जीक्यूटिव जानते हैं कि फोन के बगैर उनका जीवन कितना अधूरा है। ई-मेल, चैटिंग व एसएमएस भी बहुत प्रभावशाली माध्यम हैं, मेल-जोल बढ़ाने के।

लोग महत्त्वपूर्ण हैं

प्रत्येक व्यक्ति की यह प्राकृतिक इच्छा होती है कि वह विशेष बनना चाहता है, विशेष दिखना चाहता है, वह चाहता है कि उसकी एक अलग पहचान बने परंतु इस उच्च भावना के साथ ही, एक अवगुण अधिकतर लोगों में पाया जाता है–स्वयं को श्रेष्ठ और दूसरे को तुच्छ समझने की भावना। कुछ लोग जो दूसरों को कमतर करके आंकने की भूल करते हैं, वे मानव संबंधों में कभी भी निपुणता प्राप्त नहीं कर सकते।

यदि आपको लोक व्यवहार की कला में निपुण होना है, यदि आपको अपना व्यवहार नामक गुण निखारना है तो आपको चाहिए कि लोगों को उनके महत्त्वपूर्ण होने का अहसास लगातार कराएं।

हाल के वर्षों में मानव संबंधों में हुए शोध कार्यों से यह सिद्ध हो चुका है कि आप दूसरों को जितना अधिक महत्त्व देंगे, जितना अधिक उन्हें महत्वपूर्ण होने का अहसास कराएंगे, उतना ही अधिक महत्व वे भी आपको देंगे।

याद रखें–

- प्रत्येक व्यक्ति 'व्यक्ति विशेष' जैसा व्यवहार चाहता है।
- प्रत्येक व्यक्ति चाहता है कि उसकी किसी विशेषता के कारण उसे पहचाना जाए और जैसा वह है, उससे वैसा ही सम्मानपूर्ण व्यवहार किया जाए।
- कोई नहीं चाहता कि उसके साथ 'तुच्छ या छोटे आदमी' जैसा व्यवहार हो।
- जब हम किसी को तुच्छ, छोटा, नकारा, कम महत्त्वपूर्ण या

निम्न श्रेणी का मानते हैं तो उसकी सोच या उसका व्यवहार भी हमारे प्रति वैसा ही हो जाता है। उसके मन में भी हमारे प्रति घृणायुक्त धारणा बनती है और ऐसा व्यक्ति कभी आपसे मन से नहीं जुड़ेगा।

- जिस प्रकार आप स्वयं को किसी भी कारणवश **विशेष** समझते हैं और चाहते हैं कि लोग आपसे सम्मान से पेश आएं। इसी प्रकार, प्रत्येक व्यक्ति चाहता है कि दूसरे लोग उनसे सम्मान से पेश आएं। अतः दूसरों को विशेष समझकर उनका यथासंभव सम्मान करना, लोकप्रियता की पहली शर्त है।

लोगों को महत्व देने व विशेष होने का अहसास कराने के महत्वपूर्ण सूत्रः–

1. लोगों को धैर्यपूर्वक ध्यान और गम्भीरता से सुनें।
2. उनकी प्रशंसा और उनका अभिवादन करें।
3. लोगों को उनके नाम से सम्मान के साथ पुकारें।
4. उनके किसी सवाल या किसी समस्या को सुनकर जवाब देने से पहले थोड़ा विराम लें। एकदम से ही अपनी निगेटिव या पॉजिटिव राय प्रकट न करें।
5. यदि कोई आपके इंतजार में बैठा है और आप व्यस्त हैं तो उस तक यह जानकारी अवश्य ही पहुंचाते रहें कि आपको यह अहसास है कि वह आपका इंतजार कर रहा है।
6. यदि एक से अधिक लोगों के बीच बैठे हों तो सभी को बराबर महत्व दें।

आइए अब इन बातों से पड़ने वाले प्रभाव को समझ लें–

सूत्र एक– यदि कोई आपसे बातचीत कर रहा है तो आप उसकी बातों को धैर्यपूर्वक, ध्यान और गम्भीरता से सुनें। गलती से भी लापरवाही न बरतें, जैसे–उसकी बात सुनते हुए इधर–उधर देखना, व्यस्त होने का नाटक करना, जम्हाइयां लेना, फाइलें उठाकर इधर–उधर रखना या अपने आपको अति व्यस्त प्रदर्शित करने वाले कार्य करना। इससे सामने वाले को लगता है कि आपने उसकी बात को ध्यानपूर्वक नहीं सुना। इससे आपके प्रति उसकी अच्छी राय कायम नहीं होगी। वह समझेगा कि आपने उसे कोई महत्त्व नहीं दिया और उसकी बात सुनकर बला टालने जैसा व्यवहार किया है।

सूत्र दो–जो व्यक्ति या व्यक्तियों का समूह आपसे मिलने आया है, उनका मुस्कुराकर स्वागत करें, उनकी प्रशंसा और अभिवादन करें। इससे उन्हें आत्मसंतुष्टि होगी और आपके व्यवहार को लेकर वे अच्छी राय कायम करेंगे। कई विशेष अवसरों पर मैंने बहुतों को देखा है कि किसी के आगमन पर अनमने से हो जाते हैं या झूठी गम्भीरता का मुखौटा ओढ़ लेते हैं उनकी बॉडी लैंग्वेज कुछ ऐसा जताती है, “हां, कहिए कैसे आना हुआ?”

इस प्रकार की स्थिति और ऐसा रूखा व्यवहार देखकर आने वाला नर्वस हो जाता है। आपसे मिलने का जो उत्साह उसके मन में होता है, वह झाग की तरह बैठ जाता है। फिर वह भी अनमने ढंग से हालचाल पूछकर चला जाता है। जाते समय आपके व्यवहार के विषय में वह जो राय कायम करके जाएगा, आगे चलकर वही आपके लिए घातक सिद्ध होगी क्योंकि वह व्यक्ति कहीं भी आपका जिक्र आते ही आपके इस रूखे व्यवहार का जिक्र करेगा। इससे सुनने वालों में आपकी छवि खराब नहीं भी होती तो भी संदिग्ध तो अवश्य हो जाएगी।

सूत्र तीन–लोगों को उनका नाम लेकर सम्मान से पुकारें इससे आत्मीयता बढ़ती है और वे स्वयं को आपका खास और आपके अधि

क करीब महसूस करते हैं। यदि सामने वाला व्यक्ति उम्र में आपसे इतना बड़ा है कि सीधे-सीधे नाम लेना शिष्टाचार के दायरे में न आता हो तो आप उन्हें उनके 'सरनेम' से सम्बोधित करें यानि आप उन्हें शर्माजी, वर्माजी, श्रीवास्तवजी या मि. शर्मा, मि. वर्मा, और मि. श्रीवास्तव कहकर सम्बोधित करें।

सूत्र चार–किसी की बात या समस्या को सुनकर तपाक से कोई जवाब न दें, कुछ क्षण रुकें। उसकी बात या समस्या पर गौर करें, तब समझदारी व सहजता से अपनी अच्छी-बुरी राय पेश करें। इससे सामने वाले को यह अहसास होता है कि आपने न केवल उसकी बात को गम्भीरता से सुना है, बल्कि सोच-विचार के ही अपनी राय पेश की है। इससे आपके लिए उसके दिल में सम्मान पैदा होता है और आपके प्रति उसका विश्वास भी बढ़ता है। आपके ऐसे व्यवहार से उसे कभी कोई शिकायत भी नहीं होगी, भले ही आपकी राय उसके अनुकूल न हो। उसे लगेगा कि आपने उसे और उसकी समस्या को महत्त्व दिया है।

सूत्र पांच– मान लीजिए कि आप अपने कार्यालय में बैठे हैं और किसी कार्य या मीटिंग में व्यस्त हैं। ऐसे में कोई व्यक्ति आपसे मिलने आता है तो सूचना पाकर आप उस तक यह संदेश अवश्य पहुंचाएं कि आपको उसके आने का पता चल चुका है और पहली फुर्सत मिलते ही आप उससे भेंट करेंगे। यदि आपको देर लगने की सम्भावना हो तो उस तक यह संदेश बार-बार किसी न किसी माध्यम से पहुंचाते रहें। हो सके तो उसके लिए थोड़ा चाय-पानी का बंदोबस्त भी करवा दें ताकि उसे यह लगे कि आपको उसकी चिंता है।

सूत्र छह– मान लीजिए कार्यालय या घर में आप एक से अधिक लोगों के साथ बैठे किसी समस्या या किसी विषय पर बातचीत कर रहे हैं तो वहां मौजूद सभी लोगों को आप बराबर महत्व दें। सबकी ओर देखकर अपनी बात कहें, प्रत्येक को सम्बोधित करें न कि किसी एक

व्यक्ति से ही बातें करते रहें या किसी एक ही व्यक्ति के पक्ष में दिखाई दें। इससे सभी की संतुष्टि होगी और सभी स्वयं को महत्त्वपूर्ण समझेंगे।

इस प्रकार के व्यवहार से लोगों में आपकी छवि अच्छी बनेगी और लोग आपसे गहराई से जुड़ेंगे। व्यापार, सेल्स या मार्केटिंग तथा नेटवर्किंग में इन सूत्रों का प्रयोग करने से निश्चित ही आपकी उन्नति का ग्राफ बहुत ऊपर जायेगा। विशेषतौर पर नेटवर्किंग व मार्केटिंग के क्षेत्र में इन छोटे-छोटे पर गहरे मनोवैज्ञानिक तथ्यों को सीधे-सीधे हम अपने टारगेट लेवल या लाभांश में तब्दील कर सकते हैं।

जितना आप अपनी कमियों, त्रुटियों और बुराइयों के विषय में जानेंगे उतनी ही आपकी विशेषताएँ, आपकी अच्छाई, आपके सद्‌गुण और आपके व्यक्तित्व के सकारात्मक पक्ष उभरकर सामने आएँगे। यह एक रचनात्मक प्रक्रिया है, कुछ मिटाकर कुछ बनने की, और अगर मिटाना ही है किसी को तो फिर नकारात्मकता को ही क्यों न मिटाया जाए।

– सूर्या सिन्हा

दूसरों से सहमति जताना सीखें

यूं तो हम सब गलतियों के पुतले हैं पर कुछ लोगों में एक जबरदस्त दुर्गुण पाया जाता है कि वे किसी से भी, किसी भी बात पर सहमत नहीं होते। वे तर्क-वितर्क करके दूसरे की बातों को हमेशा काटते हैं और उन्हें गलत सिद्ध करने की पूरी कोशिश करते हैं। हो सकता है कि उससे उन्हें आत्म-संतुष्टि मिलती हो, लेकिन व्यवहार के मामले में वे दूसरों की नज़रों में गिर जाते हैं।

यहां यह स्पष्ट करना आवश्यक है कि व्यवहारकुशल होने के लिए दूसरों से सहमति जताना एक नीतियुक्त गुण है। यह गुण जिस व्यक्ति में होता है, लोग खुद-बखुद उससे जुड़ने लगते हैं।

यह एक बुद्धियुक्त नजरिया है और आगे बढ़ने में व आपकी छवि को निखारने में यह कला आपकी जितनी मदद करती है, उतनी मदद आपको शायद ही किसी दूसरी कला से मिले।

इस बात को कभी न भूलें कि दूसरों से असहमति तो कोई भी जता सकता है, लेकिन सहमति जताना किसी बुद्धिमान, नीतिज्ञ, निपुण एवं बड़े हृदय और खुले विचार वाले व्यक्ति का ही गुण है-खासतौर पर तब जब आप जानते हों कि सामने वाला सब कुछ ठीक नहीं कह रहा! नेटवर्किंग, नेटवर्क मार्केटिंग और सेल्स वाले यहां ध्यान दें।

कई बार आप जानते हैं कि सामने वाला गलत है लेकिन तब भी स्वयं को सही सिद्ध करने के लिए वह आपकी सहमति चाहता है, ऐसे में आप क्या करेंगे?

इस स्थिति में, सबसे पहले यह आकलन करें कि उसके गलत कथन से आपका, आपकी कंपनी, प्रोडक्ट या संस्था किसी का कोई

नुकसान नहीं है और वह केवल आत्मसंतुष्टि के लिए आपकी सहमति चाहता है तो आप केवल मुस्करा भर दें, इससे उसे लगेगा कि आप उससे सहमत हैं, उसकी संतुष्टि हो जाएगी और आप उससे बहस में उलझने से बच जाएंगे। अक्सर व्यापारिक लेन-देन और किसी को प्रोडक्ट बेचने में इस फार्मूले का सटीक इस्तेमाल फायदे का सौदा बन जाता है।

कई बार कोई व्यक्ति बिल्कुल सही होता है और वह चाहता है कि आप उससे सहमत हों तो ऐसे में आपको मौन नहीं रहना है, बल्कि खुलकर और स्पष्ट शब्दों में कहें, "हाँ, मैं आपसे सहमत हूँ, आप बिल्कुल ठीक हैं।"

लेकिन ऐसा आप उसकी आंखों में आंखें डालकर कहें न कि नजरें चुराते हुए। यदि आप उसकी आंखों में आंखें डालकर नहीं कहेंगे तो उसे आपकी सहमति पर संदेह होगा और उसे लगेगा कि आप सिर्फ उसका मन रखने के लिए ऐसा कह रहे हैं।

सामाजिक क्षेत्र के अलावा व्यापार के क्षेत्र के लोग भी जानते हैं कि कई बार ऐसा भी होता है कि हम लोगों से सहमत नहीं होते। वैसे भी, यह जरूरी भी नहीं है कि सभी से हर हाल में सहमत हुआ जाए। ऐसे में आपको चाहिए कि आप कुछ पल मौन धारण कर लें। जब तक बहुत जरूरी न हो, तब तक खुलकर असहमति न जताएं क्योंकि असहमति का सीधा-सा अर्थ है—अपना एक विरोधी पैदा करना। व्यापार हो या नौकरी, जीवन-यापन के लिए कार्य-व्यवहार करते वक्त आपका उद्देश्य है लोगों को अपने से जोड़ना या उनसे जुड़ना, न कि विरोधी पैदा करना। इसलिए विरोध जब तक बहुत जरूरी न हो तब तक न करें। यदि आप व्यावहारिक हैं तो उनसे विरोध न करके खुले दिल से स्वीकार करें, "हां, मैं गलत था या मेरी सूचना गलत है।" ऐसे हालात में, कभी भी बहस न करें। कितना ही आपका अहं जोर मारे, हर हाल में अपनी बात को सही सिद्ध करने की चेष्टा न करें। यह तब और भी

जरूरी हो जाता है जब आप जान जाएं कि आप गलत हैं। सच मानिए, ऐसा कहना कि 'मैं गलत था', किसी बड़े दिलवाले और सुलझे विचारों वाले आदमी के वश की ही बात है। लोग ऐसा कहने वाले की दिल से इज्जत करते हैं। लोग यह जानते हैं कि छोटे दिल और संकीर्ण विचारों वाला व्यक्ति झूठ बोलेगा, बहस करेगा या स्वयं को सही सिद्ध करने के लिए दूसरों पर दोषारोपण करेगा।

आप जीवन में बहुत से ऐसे लोगों से भी मिलेंगे जो हर बात पर बहस पर उतर आते हैं। ऐसे लोग, सही या गलत नहीं देखते। बहस क्या है? मानव संबंधों को नुकसान पहुंचाने वाली स्थिति ही बहस होती है।

एक बात हमेशा याद रखें कि बहस में प्रत्यक्षतः हार-जीत नहीं होती लेकिन यह तय है कि आप अप्रत्यक्ष रूप से बहुत कुछ हार जाते हैं, बहुत कुछ खो देते हैं।

बहस करके आप जीवन विरोधी शत्रु तो पैदा कर सकते हैं, मगर जीवन मित्र कभी नहीं बना सकते।

याद रखेंः-

1. लोग उन्हें ही अधिक पसंद करते हैं जो उनसे सहमत हों।
2. हरेक बात काटने वाले से लोग स्वयं कट जाते हैं।
3. बहस से जितना और जब तक संभव हो, बचें।
4. मतभेद की स्थिति में शांत रहें या फिर वैकल्पिक विचार देकर अलग हट जाएं।

करें दूसरों की प्रशंसा

अपनी प्रशंसा सभी सुनना चाहते हैं, बुराई शायद ही कोई। प्रशंसा की भूख सभी में होती है और इससे कभी किसी का पेट नहीं भरता। सफल व्यावहारिक व्यक्ति वही है जो दूसरों की इस मानवीय जरूरत का भरपूर लाभ उठाता है लेकिन ज्यादातर लोग इस कला में माहिर नहीं होते, इसलिए वे हर दृष्टि से घाटे में रहते हैं।

अधिकांश व्यक्ति 'मैं' का शिकार होते हैं और उनका सारा समय इसी उधेड़बुन में व्यतीत हो जाता है कि दूसरे व्यक्ति को किस प्रकार नीचा दिखाया जाए। सामनेवाले की बुराइयां गिनवाकर उसे अपमानित करके अपना बड़प्पन और स्वयं को अच्छा कैसे सिद्ध किया जाए अथवा दूसरे की आलोचना करने का अवसर कैसे हासिल हो सके, लगभग अधिकतर लोगों की सोच इसी पर केंद्रित रहती है। यही वजह है कि हमारे आस पास सफल लोगों की तुलना में नाकाम लोग ज्यादा है। ऐसे लोग समाज की नजरों में गिर जाते हैं और सबके क्रोध एवं घृणा के पात्र बनते जाते हैं।

मानवीय संबंधों एवं व्यावहारिकता में ऐसे नकारात्मक लोग बुरी मिसाल के रूप में याद किए जाते हैं। दूसरों को नीचा दिखाकर, दूसरों को अपमानित करके या दूसरों की आलोचना के बाद, वे भले आत्मतुष्टि का भ्रम पाल लें पर यह स्थिति रहती है क्षणभर ही किन्तु अपने अहं की तुष्टि के लिए उनके द्वारा उठाया गया यह कदम उनके लिए कितना नुकसानदायक सिद्ध होता है, इस विषय पर वे क्षणभर के लिए भी विचार नहीं करते। धीरे-धीरे एक समय ऐसा भी आता है जब अपने-पराए सभी उनसे कट जाते हैं, तब मैंने व आपने भी उन्हें ईश्वर अथवा भाग्य को कोसते हुए देखा है।

अतः व्यावहारिक व्यक्ति वही है जो दूसरों की समुचित प्रशंसा करने की बुद्धि व साहस रखता है।

लेकिन याद रहे: प्रशंसा सही और संतुलित हो। कभी किसी की झूठी प्रशंसा न करें और हर तरह की प्रशंसा इस दायरे में हो कि वह चापलूसी का रूप अख्तियार न कर ले।

यदि किसी ने प्रशंसा वाला कार्य किया है तो आप उसकी प्रशंसा अवश्य करें। उस कार्य को करने में व्यक्ति का स्तर देखकर न कतराएं। यदि किसी मजदूर ने कोई बेहतर कार्य किया है तो उसकी भी प्रशंसा करें। किसी धनवान ने, किसी अफसर ने, किसी बाबू ने ऐसा प्रशंसनीय कार्य किया है तो उनकी भी प्रशंसा करें। सेल्स और मार्केटिंग में किसी बेहतरीन प्रोडक्ट के लिए, किसी ग्राहक के बेहतर व्यवहार के लिए अथवा किसी बेहद लाभकारी स्कीम के लिए आप खुल कर प्रशंसा कर सकते हैं। इससे निश्चित ही सकारात्मक परिणाम आप भविष्य में प्राप्त कर सकते हैं।

ध्यान रखें:

- किसी को ख्वामख्वाह खुश करने के लिए उसकी झूठी प्रशंसा न करें।
- जब तक अधिक आवश्यक न हो तो व्यक्ति की प्रशंसा न करके उसके कार्य की ही प्रशंसा करें। व्यक्ति की प्रशंसा आपको खुशामदी सिद्ध करती है जबकि कार्य की प्रशंसा आपकी सूझबूझ और दूरदर्शिता का परिचय देती है।
- प्रशंसा की भी एक सीमा होती है, उसका ध्यान रखें। प्रशंसा की मात्रा इतनी अधिक न हो जाए कि सामने वाले को लगे कि उसकी खिंचाई की जा रही है या प्रशंसा की आड़ में उस पर व्यंग्य कसा जा रहा है।

- प्रशंसा सदा नपे-तुले शब्दों में करें और इस बात का भी ध्यान रखें कि किसी की प्रशंसा करते समय किसी दूसरे पर तीखी टिप्पणी न हो जाए।

  उदाहरण –"आपने इस काम को बहुत अच्छे ढंग से किया। फलां तो इस काम को कर ही नहीं सकता था।"

  अब यहां यदि वह फलां बैठा होगा या उसे बाद में यह पता चलेगा तो उसे न सिर्फ आपकी बात बुरी लगेगी बल्कि आप उसकी नाराजगी के भी मुफ्त में ही शिकार हो जाएंगे।

- सबसे जरूरी है कि आप आत्मप्रशंसा से सदा बचें। हालांकि यह बहुत मुश्किल है। यह कुछ ऐसा है कि किसी महिला को मेकअप का बेहतरीन सामान, गहने और कपड़े पहनने को दे दिए जाएं और उस कक्ष से आईना हटा लिया जाए। जिस प्रकार गहने-कपड़े पहनने के बाद उस महिला के मन में यह बात बेचैनी भर देगी कि मैं कैसे देखूं कि मैं कैसी लग रही हूं? लगभग वैसी ही बेचैनी व्यक्ति में तब पैदा होती है जब वह कोई अच्छा काम करता है और कोई उसकी प्रशंसा नहीं करता। ऐसे में व्यक्ति स्वयं आत्मप्रशंसा पर उतर आता है।

ऐसे लोगों के लिए मेरी सलाह है कि वे इंतजार करें और विश्वास करें कि उनके अच्छे काम छिपे नहीं रहेंगे। समय आने पर उनके अच्छे कामों की महक खुद ही वातावरण में फैल जाएगी। टारगेट छूने वाले एक्जीक्यूटिव कई बार सही परिणाम न मिलने पर निराश व अधीर हो उठते हैं, जोकि उनके लिए ठीक नहीं होता। ऐसे में उन्हें धैर्य से अपनी कार्यनीति व परिश्रम की फल की बात सोचनी व विचारनी चाहिए।

अब आप समझ गए न—दूसरों की प्रशंसा करने की कला जहां आपके मानवीय संबंधों को मजबूती प्रदान करेगी वहीं आपकी छवि में भी लगातार निखार आएगा और आप सर्वप्रिय पात्र के रूप में स्थापित हो जाएंगे। एक सही बिजनेसमैन इस रहस्य को जानता है। इसलिए वह एक सफल बिजनेसमैन बन जाता है।

क्या आलोचना करना जरूरी है

आपने देखा होगा कि कुछ लोग चाहे कितने भी गलत हों, वे अपनी आलोचना बिल्कुल पसंद नहीं करते। कुछ लोग तो आलोचक से बाकायदा लड़ाई-झगड़े पर उतर आते हैं, इसलिए आलोचना करने से बचें। यदि आप उनके मत से सहमत नहीं हैं तो मौन हो जाएं।

रोजमर्रा के जीवन में सदा ऐसा नहीं होता कि व्यक्ति दूसरों की प्रशंसा ही करता रहे। कई बार कुछ लोग इस प्रकार के कार्य कर बैठते हैं कि उनकी आलोचना करना भी जरूरी हो जाता है। इस संदर्भ में ध्यान देने वाली महत्त्वपूर्ण बात यह है कि आलोचना करने के भी कुछ नियम हैं। यदि आप इन नियमों को ध्यान में रखकर किसी की आलोचना करते हैं तो मेरा विश्वास है कि सामने वाले को आपकी आलोचना बुरी नहीं लगेगी वरना तो आलोचना हमेशा ही बैर-भाव, विरोध और मनमुटाव का कारण बन जाती है। फिर भी किसी स्थिति में आपको लगता है कि आलोचना जरूरी है तो इसके नियमों को ध्यान में रखकर ऐसा करें।

आलोचना के छह सुनहरे नियम :-

- ☞ **आलोचना पूरी तरह एकान्त में करें।**
- ☞ **काम की आलोचना करें, व्यक्ति की नहीं।**
- ☞ **आलोचना में कड़वे-कसैले और चुभने वाले शब्दों का प्रयोग संभव हो तो न करें।**
- ☞ **आलोचना तब करें जब आपको सही रास्ता भी मालूम हो। किसी काम की आलोचना के बाद उसके सुधार का रास्ता भी जरूर बताएं।**

☞ **किसी के एक गलत काम की बार-बार आलोचना से बचें।**

☞ **आलोचना की समाप्ति सौहार्दपूर्ण वातावरण में करें, तनावपूर्ण वातावरण में नहीं।**

आइए जानें, इन नियमों का कैसे पालन करना है:

आलोचना पूरी तरह एकान्त में करें

किसी की आलोचना पूर्णतया एकान्त में करें। सार्वजनिक रूप से या चार लोगों के बीच में किसी के काम की आलोचना हरगिज न करें। जिसकी आलोचना करनी हो, उसे या तो अलग कमरे में ले जाएं या लोगों से दूर हटकर एकान्त किसी खुले स्थान पर। यहां यह भी ध्यान रहे कि ऊंची आवाज में आलोचना करने से बचें अन्यथा आपका एकान्त में बात करना एक नाटक बन जाएगा और आप स्वयं आलोचना के पात्र बन जाएंगे।

यदि आप मालिक हैं या अधिकारी हैं और आपके कर्मचारी या मातहत से कोई अप्रिय या गलत कार्य हो गया है तो पद के नशे में उसे स्टाफ के सामने ही डांटने-फटकारने से बचें। वर्ना इससे उसकी छवि खराब हो या न हो, आपकी छवि अवश्य ही खराब हो जाएगी। आप उस व्यक्ति को अपने केबिन में बुलाएं और उसे उसकी गलती के विषय में बताएं। आलोचना करते समय अपनी आवाज पर नियंत्रण रखें। ऐसा न हो कि केबिन के बावजूद आपकी आवाज इतनी तेज हो कि बाहर बैठा पूरा स्टाफ उसे सुन रहा हो। केबिन का दरवाजा बंद करना भी न भूलें। ध्यान रहे गलती सभी से होती है। समझदार व्यक्ति वही है जो आलोचना के लायक व्यक्ति के पहलुओं को भांपकर उससे बात करे।

अगर आलोचना करनी ही हो तो सकारात्मक बातों से प्रारंभ करें

अगर आलोचना करनी ही हो तो सकारात्मक बातों से प्रारंभ करें ताकि सुनने वाले को यह आभास हो सके कि आप उसके भले की बात कर रहे हैं। ऐसा करके आप सामने वाले को उसकी त्रुटियों से तो अवगत करा ही देते हैं, साथ ही साथ आप उसे सकारात्मक तरीके से सुधरने का अवसर भी देते हैं। जिस कारण आपका और उसका संबंध भविष्य के लिए बहुत ही सुखद व मधुर हो जाता है।

काम की आलोचना करें, व्यक्ति की नहीं

किसी की भी व्यक्तिगत आलोचना न करें। आलोचना हमेशा काम की ही होनी चाहिए। काम की आड़ लेकर यदि किसी की व्यक्तिगत आलोचना करेंगे तो इससे सामनेवाले तक यही संदेश जाएगा कि आपके मन में उस व्यक्ति के प्रति द्वेष है और काम की आड़ में आप उसे प्रताड़ित कर रहे हैं।

आलोचना करते वक्त सही शब्दों का प्रयोग करें

आलोचना करते समय विशेष रूप से अपने शब्दों पर ध्यान दें, भूले से भी कोई अपशब्द व गलत शब्द न बोलें और न ही कोई मूर्खतापूर्ण बात करें। इस बात का भी विशेष रूप से ध्यान रखें कि आलोचना करते समय आप अपना आपा न खो बैठें और न ही ऐसे कड़वे व चुभते वचन बोलें जो सामने वाले के मन व आत्मा को घायल कर दें। शालीनता का ख्याल रखें।

आलोचना के बाद दोष सुधार की राह भी अवश्य दें

आलोचना तब करें जब आपको भूल सुधार का सही रास्ता भी मालूम हो। आप जिस काम की आलोचना कर रहे हैं उसे सही ढंग से करने का मार्ग भी आपको सुझाना चाहिए। यदि आप स्वयं किसी कार्य को नहीं जानते या आपको उस कार्य के विषय में कोई अनुभव नहीं है तो आप सामने वाले की आलोचना करने में जल्दबाजी न करें। पहले सुधार की राह खोल लें। फिर अपनी बात रखें।

किसी के एक गलत काम की बार-बार आलोचना से बचें

यह बड़ा ही महत्त्वपूर्ण नियम है परन्तु लोग यह गलती अक्सर करते हैं। विशेष तौर पर सीनियर लेबल के अधिकारी या व्यापारिक प्रतिष्ठान के मालिक ध्यान रखें कि आप किसी भी व्यक्ति के कार्य की आलोचना बार-बार न करें और उसे चार लोगों के बीच उपहास का पात्र न बनाएं। यदि आप ऐसा करेंगे तो सामने वाले के मन में आपके लिए घृणा और शत्रुता पैदा हो जाएगी और आहत व्यक्ति आपको कभी-न-कभी घातक चोट पहुंचा सकता है। आपने मीडिया में ऐसे कई हादसों को पढ़ा व देखा होगा कि अमुक व्यक्ति ने अपने पूर्व मालिक के हाथों अपमानित होने की वजह से उस परिवार का सफाया ही कर दिया।

आलोचना की समाप्ति सौहार्दपूर्ण वातावरण में करें, तनावपूर्ण वातावरण में नहीं!

यह ध्यान रखना बेहद जरूरी है कि जब आप आलोचना समाप्त करें तो अपने शब्दों के मरहम से वातावरण सौहार्दपूर्ण बना लें। सामने वाले को यह अहसास कराने में कोई कसर न छोड़ें कि आप उसके परम हितैषी हैं और उसका भला चाहते हैं, इसलिए आलोचना करते हैं।

इस प्रकार की बातों से सामनेवाला आपके प्रति अच्छी राय भी कायम करेगा और आपके द्वारा दी गई सलाह पर अमल भी करेगा।

दोस्तो, इस प्रकार का व्यवहार जब आप सामने वाले से करेंगे तो मेरा विश्वास है कि कोई भी व्यक्ति आपके बारे में अच्छी नहीं, बहुत अच्छी राय कायम करेगा। व्यावहारिक माप तौल में वह आपको 10/10 नम्बर देगा। साथ ही आलोचक होने के बावजूद उसके और आपके बीच संबंधों में उत्साह, विश्वास और ताजगी कायम रहेगी।

ध्यान रहे:

- ❒ सिर्फ आलोचना करने का मन बनाकर ही किसी की आलोचना न करें।
- ❒ आलोचना करने से पूर्व उस व्यक्ति के अच्छे काम या गुणों की तारीफ पहले करें ताकि बाद में आपके द्वारा आलोचना करने पर वह उत्तेजित न हो।
- ❒ आलोचना सदा काम की करें न कि व्यक्ति की। यदि व्यक्ति में कोई कमी है भी, तो मैत्रीपूर्ण ढंग से उसका ध्यान उस कमी की तरफ दिलाएं। ताने ना कसें और ना ही कोई ऐसी बात कहें जिससे सामने वाला घायल होकर फुंफकारने लगे।
- ❒ जिसकी आलोचना करना बेहद जरूरी हो, उसे एकान्त में ले जाएं। या तो कहीं खुले में या फिर अपने व्यक्तिगत कक्ष में। आपकी आवाज भी धीमी हो न कि इतनी ऊंची कि दूर खड़े लोग भी उसे सुनें या दरवाजा बंद होने के बाद भी आवाज बाहर तक जा रही हो।
- ❒ सबसे महत्त्वपूर्ण पहलू यही है कि आलोचना का अधिकार सिर्फ उसे ही है जिसे सही रास्ता सुझाना आता है। यदि आप किसी के द्वारा गलत किए गए कार्य की आलोचना कर रहे हैं

तो आपको यह भी बताना आना चाहिए कि यह काम सही ढंग से कैसे होगा।

- जिसकी आलोचना कर रहे हैं, सही रास्ता बताकर उसका हौसला बढ़ाना न भूलें। उसे यह विश्वास दिलाएं कि वह योग्य है और इस काम को और बेहतर ढंग से कर सकता है।
- किसी के द्वारा की गई किसी एक गलती की बार-बार आलोचना न करें और न ही समय-असमय उस पर व्यंग्य-बाण छोड़ें, इससे केवल कटुता पैदा होती है सकारात्मक परिणाम नहीं आते।
- किसी की आलोचना करने के बाद जब बातचीत का क्रम समाप्त करें तो मैत्रीपूर्ण ढंग से करें। कुछ इस ढंग से –"मैं तुम्हारा हितैषी हूं, तुम्हारी किसी कमी या गलती की ओर यदि मैं ही तुम्हारा ध्यान आकर्षित नहीं करूंगा तो कौन करेगा? अपने मित्रों या चहेतों की गलत बातों का आंख मूंदकर समर्थन करने वाले मित्र या हितैषी नहीं होते। मुझे उम्मीद है कि तुम्हें मेरी आलोचना बुरी नहीं लगी होगी।"

इस प्रकार जब आप आलोचनात्मक बातचीत का क्रम समाप्त करेंगे तो आप देखेंगे कि सामने वाला आपसे संतुष्ट दिखाई देगा। आप पाएंगे कि उसे आपका व्यवहार अच्छा लगा है और उसे लगेगा कि उसे एक सच्चा साथी मिल गया है।

मानव-स्वभाव काफी कुछ गीली गुँधी मिट्टी की भाँति होता है, जिसकी कोई शक्ल नहीं होती। आवश्यकता उसे सही शक्ल देने की है। अपने स्वभाव को आकर्षक रूप देने का काम दूसरों को नहीं, स्वयं आपको करना है।

– सूर्या सिन्हा

लोगों पर प्रभाव छोड़ें

दुर्भाग्यवश हमारी संस्कृति में इस विषय पर अधिक ध्यान नहीं दिया जाता है, न ही लोग खुद से ऐसी कोई कोशिश करते हैं। वे या तो स्वयं को दूसरों के समक्ष दीन-हीन, कमजोर और महत्त्वहीन व्यक्ति के रूप में पेश करते हैं या फिर अहंकारी व्यक्ति के रूप में। दोनों ही परिस्थितियों में हम दूसरों पर अपना प्रभाव नहीं छोड़ पाते, लिहाजा दोनों ही परिस्थितियों में लोग हमसे कट जाते हैं।

खुद ही सोचिए, यदि आप स्वयं को दीन-हीन, कमजोर और महत्त्वहीन व्यक्ति के रूप में प्रस्तुत करेंगे तो कोई आपसे संबंध क्यों बनाना चाहेगा? इसके विपरीत यदि अहंकार से भरकर आप यह दर्शाते हैं कि आप ये हैं, आप वो हैं, आपके पास इतनी संपत्ति है, आपके पास इतनी शक्ति है तो भी समझदार आदमी तो आपसे संबंध बनाने से रहा। हां, आपकी अहंकारपूर्ण बातों से प्रभावित होकर कोई लालची या चापलूस किस्म का व्यक्ति जरूर आपसे जुड़ना चाहेगा और मेरा अनुभव कहता है कि ऐसा व्यक्ति जीवन में बिल्कुल असफल और नकारा होगा। उसका एकमात्र उद्देश्य किसी भांड की भांति आपका स्तुतिगान करके या आपकी चापलूसी करके आपसे कुछ-न-कुछ हासिल करना होगा।

इसलिए इस विषय पर आप विशेष ध्यान दें कि आपने लोगों पर प्रभाव छोड़ने की कला सीखनी है।

प्रत्येक व्यक्ति चाहता है कि लोग उसके विषय में अच्छा सोचें, लोग उसकी बातों को ध्यानपूर्वक सुनें, उसे सम्मान दें और व्यापार, कार्यक्षेत्र या नौकरी के स्थान पर उसके पद का मान हो।

दोस्तो! **यह सदा हम पर निर्भर करता है कि दूसरे लोग हमारे बारे में कैसा सोचते हैं।**

शुरू-शुरू में जब हम किसी अजनबी से मिलते हैं और उससे वार्तालाप शुरू करते हैं तो हमारी बातचीत का ढंग, स्वयं को प्रस्तुत करने का तरीका और हमारा व्यवहार यह स्थापित करता है कि सामने वाला हमारे विषय में क्या सोचेगा!

अतः आप इस अवसर पर स्वयं को इस ढंग से प्रस्तुत करें कि सामने वाला आपको उसके अपने समाज का एक महत्त्वपूर्ण व्यक्ति समझे। आपकी बातचीत का ढंग प्रभावित करने वाला हो और आपमें खुद को अहम दिखाने की कला हो।

याद रखें, समाज आपकी वही कीमत लगाता है, जो आप बताते हैं। आपको अपना मूल्यांकन स्वयं करना होता है। यदि आप स्वयं को दीन-हीन और दो कौड़ी का साबित करेंगे तो भला सामने वाला क्यों आपको इससे अधिक महत्व देगा? क्यों वह आपको अधिक सम्मान देगा और क्यों आपको इस समाज का एक महत्त्वपूर्ण व्यक्ति समझेगा?

अतः आप भले ही किसी भी व्यवसाय या नौकरी से जुड़े हों, स्वयं को उस संस्थान की महत्वपूर्ण कड़ी समझिए और इस बात पर गर्व कीजिए। सिर्फ यह ध्यान रहे आपको गौरवान्वित रहना है न कि अहंकार का प्रदर्शन करना है।

❐ किसी बात का गौरव करना एक सकारात्मक व अलग बात है और अहंकार एक दूसरी बात।

❐ आप जिस भी परिस्थिति में हैं, इसके लिए आपको अफसोस नहीं करना है, शर्मिन्दा नहीं होना है। प्रकृति और परमेश्वर ने हमें क्या बनाया, हम नहीं जानते!

❒ आपको चाहिए कि स्वयं को गर्व और सम्मान के साथ दूसरे के सामने प्रस्तुत करें।

आमतौर पर औपचारिक परिचय के बाद हर आदमी यह जानना चाहता है कि आप क्या करते हैं या किस व्यवसाय से जुड़े हैं? ऐसे में, हमारे भारतीय हिसाब से व्यक्ति दो शब्दों में बात समाप्त कर देता है।

यदि नौकरी करता है तो दबी जुबान से कहेगा–"मैं सर्विस करता हूं।" सर्विस कहां करते हैं, किस क्षेत्र में करते हैं जैसी महत्वपूर्ण बातों पर प्रकाश न डालकर व्यक्ति खुद को सामनेवाले के आगे महत्त्वहीन सिद्ध कर देता है।

मनोविज्ञानी लगातार इस तथ्य को बताते रहे हैं कि जब आप अपने कार्य के प्रति गर्व का प्रदर्शन नहीं कर रहे होते, तब आप बहुत गलत कर रहे होते हैं। मान लीजिए आप किसी प्राइवेट स्कूल में टीचर हैं तो आपको गर्व से कहना चाहिए–

"मुझे गर्व है कि मैं शिक्षा के प्रसार–प्रचार में महत्त्वपूर्ण भूमिका निभाता हूं। मैं फलां स्कूल में अध्यापक हूं। मेरी दिली इच्छा है कि देश का बच्चा–बच्चा शिक्षित हो और आगे बढ़े।"

या फिर

"मैं इलेक्ट्रॉनिक इंजीनियर हूं। मुझे इस काम से बेहद लगाव है। देश की तकनीकी क्षमता को बढ़ाने में मैं भी एक अहम भूमिका निभाता हूं।"

या

"मैं नेटवर्किंग और सेल्स के काम में अपने लक्ष्यों को हासिल करने के लिए दिन–रात भागता हूं। मुझे पूर्ण विश्वास है कि मेरी उन्नति मेरे साथ–साथ मेरे दोस्तों व देश की तकदीर ही बदल देगी।"

या

"मैं एक व्यापारी हूं और मेरा हमेशा यही प्रयास रहता है कि मैं लोगों को सही माल बेहतर मूल्य पर उपलब्ध करा सकूं।"

इस प्रकार जब आप स्वयं को अपनी पूर्ण भूमिका के साथ प्रस्तुत करते हैं तो निःसंदेह सामने वाले पर आपका अच्छा प्रभाव पड़ेगा।

मुझे निजी व्यवसाय से जुड़े लोगों से भी कुछ कहना है। जब सामने वाला किसी के व्यवसाय के संबंध में पूछता है तो अक्सर उसको हम यह बताते हैं–"अपना काम है।"

क्या काम है, किस क्षेत्र से संबंध रखते हैं आदि बातें अक्सर व्यक्ति नहीं बताता और इस प्रकार से दिए जानेवाले उसके उत्तर में अहंकार की झलक भी होती है। ऐसे उत्तर से सामने वाला संतुष्ट नहीं होता और आमतौर पर बातचीत का सिलसिला रुक जाता है।

मेरे विचार में, आपका उत्तर कुछ इस प्रकार होना चाहिए–

यदि आप हिन्दी साहित्य के प्रकाशक हैं तो –

"मुझे गर्व है कि मैं हिंदी जोकि हमारी राष्ट्रभाषा है, की सेवा में समर्पित हूं। हम हिन्दी के प्रचार-प्रसार के लिए उत्तम कोटि का और शिक्षाप्रद साहित्य प्रकाशित कर रहे हैं ताकि भविष्य की पीढ़ी को अपनी जुबान की ताकत का अहसास दिला सकें।"

यदि आप होम प्रोडक्ट बनाते हैं तो –

"मैं और मेरा परिवार समाज की सेवा में लगे हैं। हम होम एप्लायंस बनाते हैं और हमारी कोशिश होती है कि लोगों को अधिक-से-अधिक सुविधाएं मिलें। मुझे अपने काम से वाकई बहुत प्यार है क्योंकि मैं लोगों की रोजमर्रा की तकलीफों को दूर करने में व्यावहारिक रूप से काम आ रहा हूं।"

इस प्रकार अपनी बात रखने से आप स्वयं देखेंगे कि सामने वाले पर आपका अच्छा प्रभाव पड़ेगा और वह आपको समाज का एक महत्त्वपूर्ण व्यक्ति समझेगा क्योंकि आप स्वयं को समाज के लिए उपयोगी सिद्ध कर रहे हैं।

ध्यान रखें–

- ❒ अति उत्साह से बचें।
- ❒ दूसरों के प्रति सहयोग की भावना रखें।
- ❒ दूसरों को नीचा दिखाने की भावना से बचें।
- ❒ बुराई करने से बचें।
- ❒ अपने बूते पर खड़े होने का प्रयास करें।
- ❒ अपने कार्य के प्रति ईमानदारी दिखाएं।
- ❒ झूठे वायदे न करें।
- ❒ चापलूसी से बचें।
- ❒ वही कहें जो कर सकते हैं, डींगे न हांके।
- ❒ स्वयं को अपनी क्षमता से अधिक बढ़ा-चढ़ाकर पेश न करें।
- ❒ हमेशा उत्साह और जोश से भरे दिखाई दें। स्वयं भी उत्साहित रहें और दूसरों का उत्साह भी बढ़ाएं। (यह एक ऐसा कार्य है जो आपको सबका चहेता और सबके लिए महत्त्वपूर्ण बनाता है।)
- ❒ कैसी भी परिस्थिति हो, कैसा भी संकट हो, आप संयम न खोएं। दिल और दिमाग को सदा शान्त रखकर फैसला करें।
- ❒ लोगों के साथ बातचीत में भी संयम बरतें और कभी उत्तेजित न हों।
- ❒ अति उत्साह के प्रदर्शन से बचें। अति उत्साह दिखाने से कई बार लोग आपके इरादों के प्रति शंका से भी भर जाते हैं।
- ❒ किसी को छोटा बताकर अपने आपको बड़ा सिद्ध करने की प्रवृत्ति से बचें। किसी को बुरा कहकर आप कभी अच्छे नहीं बन सकते, इस बात का हमेशा ध्यान रखें।
- ❒ आप अपनी योग्यताओं को सामने लाने में न हिचकें, लेकिन अहंकारपूर्ण अंदाज में नहीं बल्कि गर्वपूर्ण ढंग से।

इस प्रकार की नीतियां अपनाकर यदि आप चलते हैं तो यकीन मानिए कि आप स्वयं को महत्त्वपूर्ण सिद्ध करने में सफल हो जाएंगे। फिर लोगों पर अपना प्रभाव छोड़ने से आपको कोई नहीं रोक पायेगा और एक बार लोग आपसे प्रभावित हो गये तो फिर कोई भी आपको आपके लक्ष्य को छूने से नहीं रोक सकेगा।

❑❑❑

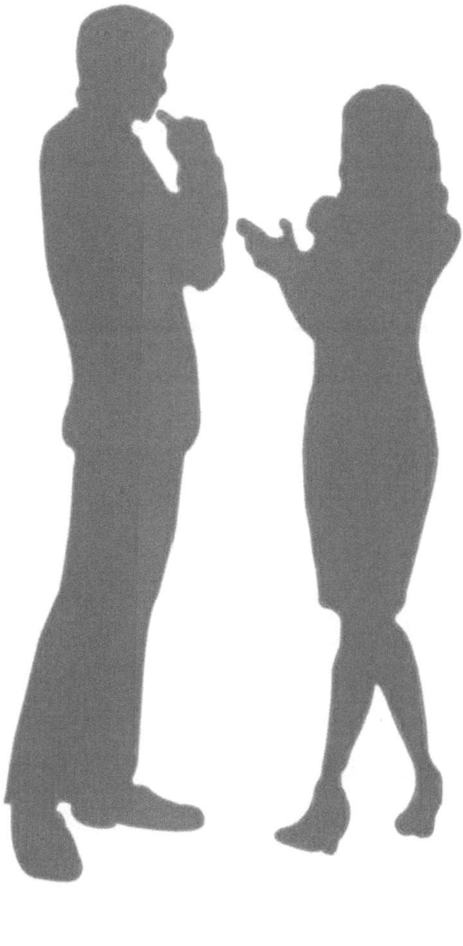

खण्ड –२

व्यवहारकुशलता के लिए २० गुण

चूंकि इसमें कोई शक-संदेह नहीं रह गया है कि व्यक्ति की सफलता-असफलता, सुख-दुख, हँसी-खुशी, कीर्ति-अपकीर्ति के पीछे मूल रूप से उसका व्यवहार कार्य करता है। इसलिए अभी पिछले पृष्ठों में मैंने जिन विषयों पर प्रकाश डाला है, आपका व्यवहार वैसा होने की मुझे पूरी उम्मीद नजर आ रही है।

वैसे अब मैं यहां इस विषय पर थोड़ा प्रकाश डालूंगा कि आपको खुद को कैसा होना चाहिए।

चूंकि मेरी इस पुस्तक का शीर्षक ही **'आप और आपका व्यवहार'** है, अतः जिस शानदार व्यवहार की हम बात कर रहे हैं, उसमें व्यक्ति को भी उतना ही शानदार होना चाहिए क्योंकि एक शानदार व्यक्तित्व का धनी व्यक्ति ही लोगों से जानदार व्यवहार कर सकता है।

एक शानदार और व्यावहारिक रूप से परिपक्व व्यक्ति बनने के लिए आपमें कम-से-कम कुछ मानवीय गुण होने जरूरी हैं। आइए देखें कि ये गुण कौन-कौन से हैं जो व्यक्ति को मानव से श्रेष्ठ मानव बनाने की क्षमता रखते हैं–

1. शान्त रहें (शान्त)
2. मिलनसार बनें (मिलनसारिता)
3. शिष्ट होना (शिष्टता)
4. उदार होना (उदारता)
5. धैर्यशील होना (धैर्यशीलता)
6. गंभीर होना (गंभीरता)
7. संवेदनशील होना (संवेदनशीलता)

8. प्रसन्नचित्त रहना (प्रसन्नचित्तता)
9. भद्रता
10. सभ्यता
11. दृढ़ता
12. नम्रता
13. मौलिकता
14. व्यवस्था
15. परोपकारिता
16. समयबद्धता
17. आत्मसम्मान
18. सत्यता
19. ईमानदारी
20. चरित्रवान

दोस्तो! आप में, मुझमें या किसी भी सफलता के इच्छुक एवं महत्त्वाकांक्षी व्यक्ति में उपरोक्त बीस गुण होने बहुत जरूरी हैं।

आइए, अब इन गुणों से जुड़े परिणामों का एक-एक करके विश्लेषण करें–

शान्त रहें

अधिकांशतः लोग अशान्त हैं। उनकी उत्तेजना का कारण वे स्वयं भी नहीं समझ पाते पर उस अशान्ति का कारण वे स्वयं होते हैं। उनके स्वार्थपूर्ण विचार, अधिक से अधिक पाने की लालसा, द्वेष, ईर्ष्या जैसे नकारात्मक भाव उन्हें अशान्त किए रहते हैं।

आप उन्नति करना चाहते हैं, सुख चाहते हैं, तो जरूरी है कि आप सर्वप्रथम भीतर से शान्त हों। भीतर से शान्त व्यक्ति ही अच्छा सोच सकता है, अच्छा समझ सकता है और अच्छा व्यवहार कर सकता है। अशान्त और दुखी व्यक्ति से आप अच्छे व्यवहार की उम्मीद नहीं कर

सकते। अतः सबसे पहले शान्त रहना सीखें।

इसके लिए जरूरी यह है–

मन में स्वार्थपूर्ण विचारों की जगह सबके भले के विचार को स्थान दें।

संतोष करना सीखें। संतोषी होने का अर्थ यह न लगाएं कि आप आगे बढ़ने का विचार ही मन से निकाल दें और यह धारणा बना लें कि बस, जो मिल गया वही ठीक है।

संतोष से तात्पर्य यह है कि आपाधापी न करें। सब कुछ आपको ही मिल जाए, ऐसी धारणा मन में न रखें। अपनी सोच में यह संशोधन कर लें।

मन में सदा यह भाव होना चाहिए कि हमें बहुत कुछ मिला है और लोगों की भलाई के लिए बहुत कुछ अभी पाना है।

"स्वयं पर और ईश्वर पर पक्का भरोसा रखें, इससे मन को शान्ति मिलती है और सभी कार्यों में सफलता।"

मिलनसारिता

जीवन में सुख-शान्ति और सफलता के लिए जरूरी है कि हम अपने संबंधों का विस्तार करें व संबंधों को सुदृढ़ बनाएं। इसके लिए व्यक्ति का एक गुण बहुत तेजी से काम करता है और वह है मिलनसारिता। जो व्यक्ति जितना अधिक मिलनसार होता है, उसके संबंध उतने ही व्यापक होते हैं। ऐसा व्यक्ति किसी भी क्षेत्र में क्यों न कदम रखे, उसके पास शुभचिंतकों और बेहतर राय देने वालों की कभी कोई कमी नहीं होती और न ही ऐसे व्यक्ति का कोई काम कभी रुकता है।

आप सबसे मिलिए। हालचाल पूछिए। सुख-दुख की बात कीजिए इससे जहां आपकी लोकप्रियता का ग्राफ ऊंचा होगा, वहीं आप सबके चहेते भी बन जाएंगे। इसी गुण के कारण लोग पीठ पीछे भी आपकी तारीफ करेंगे।

मिलनसार व्यक्ति कभी भी स्वयं को अकेला महसूस नहीं करता। दुख-सुख बांटने वालों की एक पूरी टीम हरदम उसके साथ होती है।

मिलनसार होने का एक और अर्थ है-संगठन खड़ा करना।

संगठन में शक्ति है और जहां शक्ति है, वहां सब कुछ किया जा सकता है, सब कुछ पाया जा सकता है। जीविकोपार्जन का कोई भी क्षेत्र क्यों न हो, आपकी सफलता मिलनसारिता पर निर्भर है। आप व्यापारी हैं, डाक्टर हैं, बीमा एजेंट हैं, दुकानदार हैं, नेता हैं, मिलनसारिता का गुण आपको हर क्षेत्र में स्थापित कर देता है। अतः मिलनसार बनें।

मैंने ऐसे लोग भी देखे हैं जिनमें असीम प्रतिभा होती है लेकिन इस गुण के अभाव में उनकी प्रतिभा दम तोड़ देती है। संकोच के कारण या अंतर्मुखी होने के कारण वे स्वयं को सही ढंग से प्रस्तुत नहीं कर पाते। वहीं कुछ ऐसे लोग भी होते हैं जो ज्यादा प्रतिभाशाली नहीं होते, लेकिन अपने मिलनसार स्वभाव के बूते वे ऊंचे मुकाम हासिल कर लेते हैं। नेटवर्क मार्केटिंग व सेल्स के बड़े खिलाड़ी सिर्फ इस गुण के सही प्रयोग से ही अपनी सफलता के झंडे गाड़ने में कामयाब हुए हैं।

शिष्टाचार

व्यवहार में शिष्टता का गुण मानव संबंधों को मजबूती प्रदान करने और विशेषतौर पर घर के बच्चों को संस्कारवान बनाने में रामबाण जैसा कार्य करता है। आप जैसा आचरण करेंगे, आपके बच्चे भी वैसा ही सीखेंगे क्योंकि घर ही हर बच्चे का सबसे पहला विद्यालय होता है। अतः आपके चलने में, बोलचाल में, उठने-बैठने में, खाने-पीने और आदर-सत्कार में शिष्टता होनी चाहिए। याद रखिए, आपका परिवार आपकी एक-एक गतिविधि पर नजर रखता है और उसी के अनुरूप स्वयं का चरित्र निर्माण व आपका मूल्यांकन करता है।

शिष्टाचार से संबंधित इन बातों पर विशेष ध्यान दें–

- बड़ों को यथायोग्य आदरसम्मान दें।
- छोटों से भी कभी तू-तड़ाक या अबे-तबे करके न बोलें।
- बिना सूचना दिए किसी के घर या दफ्तर में न जा धमकें। यदि मिलना आवश्यक हो तो फोन करके पहले उससे पूछ लें कि उसके पास आपके लिए समय है या नहीं। हरसंभव प्रयास कर बिन-बुलाए मेहमान बनने से बचें।
- लेकिन कोई बिन बुलाया मेहमान आपके घर आ जाए तो उसे देखकर बुरा मुंह न बनाएं। शिष्टता के नाते आप मुस्कराकर उसका स्वागत करें, बैठने के लिए कहें, ठंडा-गर्म पूछें। उसके बाद यह पूछें कि वह किस प्रयोजन से आपके पास आया है। यदि उस समय आपके पास समय का अभाव है तो नम्रतापूर्वक उससे क्षमायाचना कर लें और फिर कभी फुर्सत में आने का आग्रह करें।
- कार्यालय में भी शिष्टाचार का प्रदर्शन करें। सीनियर से कुर्सी पर बैठे-बैठे ही बात न करें, शिष्टता के नाते कुर्सी से उठकर खड़े हों व हमेशा अपने सीनियर्स का सम्मान करें। अपने से जूनियर्स के काम में बेवजह कमियां निकाल कर उन्हें प्रताड़ित न करें।
- किसी से बहस न करें, अपनी बात विनम्रता से रखें व हट जाएं।
- रास्ते में आते-जाते यदि कोई बुजुर्ग व्यक्ति मिले तो उनका सम्मान करें और उनका आशीर्वाद लें।
- बिना दस्तक दिए किसी के कक्ष में प्रवेश न करें।
- किन्हीं दो व्यक्तियों की बातचीत में तब तक दखल न दें जब तक कि आपकी राय न पूछी जाए या आपसे बोलने के लिए न कहा जाए।

- फोन पर बेवजह और लम्बी–चौड़ी बातचीत न करें। इस बात का भी ख्याल रखें कि यदि आपके पास खाली समय है तो यह जरूरी नहीं कि जिसे आप फोन कर रहे हैं, उसके पास भी लम्बी बात करने के लिए उतना ही वक्त हो।
- किसी विवाह या समारोह में भूखों की तरह खाने पर न टूट पड़ें, सलीके से खाएं, कम खाएं। एक बार में ही प्लेट को इतने अधिक व्यंजनों से न भर लें कि देखने वाले आपको पेटू समझकर व्यंग्यात्मक लहजे से आपको देखें। मेजबान से खाने की प्रशंसा करें न कि मीन-मेख निकालकर उसका दिल दुखाएं।
- किसी से विदा लेते समय उसे कृतज्ञतापूर्वक 'धन्यवाद' अवश्य कहें।

इस प्रकार शिष्ट आचरण से आप देखेंगे कि आपके संबंध लोगों से मजबूत–दर–मजबूत होते जा रहे हैं। लोग आपको पसंद करने लगेंगे और आपकी लोकप्रियता बढ़ने लगेगी।

उदार बनें

हर व्यक्ति उदार नहीं होता। उदार व्यक्ति वह है जो सबके लिए अच्छा सोचे, जिसके हृदय में सबके भले की भावना हो, जो समय पड़ने पर उदारता से तन–मन तथा धन से दूसरों की सहायता करे।

उदार व्यक्ति 'मेरा–तेरा' की सोच से ऊपर होता है। उसके लिए तो पूरा संसार उसका अपना परिवार है और सब उसके अपने हैं, उसमें हमेशा सेवा और सहयोग की भावना होती है। वह स्वार्थ की भावना से ऊपर उठकर 'सर्वजन हिताय, सर्वजन सुखाय' वाले विचारों का व्यक्ति होता है।

ऐसी विचारधारा के व्यक्ति को कौन पसंद नहीं करेगा। ऐसा समर्पित व्यक्ति उसका मित्र हो, कौन नहीं चाहेगा!

भाई हो या रिश्तेदार, ऐसे व्यक्ति से तो सभी लोग संपर्क जोड़ने में गर्व महसूस करते हैं।

इसलिए उदारता अपनाएं। यह मानवीय व्यवहार की नींव का एक मजबूत पत्थर है जो आपके संपूर्ण व्यक्तित्व को निखारता व उज्ज्वल बनाता है।

धैर्यशील बनें

धैर्यशीलता बहुत बड़ा ईश्वरीय वरदान है।

धैर्य व्यक्ति को विजेता बना देता है और अधीरता व्यक्ति को सदा ही हार का मुंह दिखाती आई है।

आमतौर पर देखा जाता है कि व्यक्ति तुरन्त परिणाम चाहता है। खासतौर से आज का युवा। वे जो भी काम करते हैं, चाहते हैं कि फौरन ही उसका कोई नतीजा दिखाई दे जबकि ऐसा होता नहीं है। प्रत्येक कार्य अपने समय पर होता है। आप प्रकृति को देखिए। प्रकृति बड़ी ही धैर्यशील है। वह नियम से चलती हैं और उसके मीठे व सुखद फल हमें समय आने पर ही मिलते हैं।

पहले धरती से अंकुर फूटता है, फिर छोटा-सा पौधा बनता है, धीरे-धीरे वह पौधा बड़ा होता है और वृक्ष बनता है। तब हम उसके मीठे फल खा पाते हैं। इसलिए कहा गया है कि **सहज पके सो मीठा होय।**

प्रकृति यदि चाहे तो सुबह बीज डाले और शाम को आम वृक्ष पर लटक सकते हैं, लेकिन जब तक उन फलों पर चंद्रमा की अमृतमयी किरणें नहीं पड़ेंगी, उनमें मिठास नहीं आएगी। इसलिए वह फल जो एक दिन में पैदा होगा, स्वादहीन होगा और उसे कोई पसंद नहीं करेगा। इसी तरह, धैर्य का फल भी मीठा होता है। **इसलिए हमेशा याद रखें कि अच्छे और मीठे फल (परिणाम) आप धैर्य रखकर ही पा सकते हैं।**

गंभीरता

गंभीरता विशेष मानवीय गुण है। कुछ लोग बिल्कुल गंभीर नहीं होते। वे हमेशा हुड़दंग मचाते रहते हैं, किसी भी बात को सीरियसली नहीं लेते। ऐसे लोग भले ही दूसरों की अपेक्षा कुछ विशेष योग्यताएं रखते हों, लेकिन लोग उन पर विश्वास नहीं जमा पाते। न ही ऐसे लोग किसी सभा या संगठन आदि में पूरा सम्मान हासिल कर पाते हैं। लोग उन्हें सदा हल्केपन में लेते हैं।

ऐसे लोग यदि किसी कार्य को करने की बात कहते भी हैं, तब भी लोग बार-बार पूछते हैं कि 'यह काम हो जाएगा न? सीरियसली बताओ, यह बहुत जरूरी है।'

इस प्रकार हम देखते हैं कि लोग ऐसे लोगों पर मुश्किल से ही विश्वास कर पाते हैं लेकिन यदि कोई व्यक्ति अपने महत्वपूर्ण ज़रूरी कार्यों को गंभीरता से लेता है तो लोग उस पर पूरा विश्वास करते हैं और उसकी बातों को पूरी गंभीरता और ध्यान से सुनते हैं।

अतः व्यक्ति को गंभीर होना चाहिए। समय के अनुसार व्यक्ति को हंसना-मुस्कराना या हंसी-मजाक भी करना चाहिए, लेकिन हर समय हंसना या ठट्ठेबाजी करना, हर बात को मजाक में लेना ठीक नहीं है। इससे व्यक्ति की छवि एक गैर जिम्मेदार और लापरवाह आदमी की बन जाती है, अतः इससे बचें। इसके अतिरिक्त, जरूरी बातों पर सदा गंभीरता से ध्यान दें, यह सबसे जरूरी है।

संवेदनशील बनें

पहले तो यह जानें कि संवेदनशीलता है क्या?

संवेदना का अर्थ है दूसरों के दुःख-सुख का अहसास होना। व्यक्ति को चाहिए कि दूसरों के दुख-सुख को समझें और उसमें शामिल हों। यही संवेदनशीलता है। मानव संबंधों को बनाने-बिगाड़ने या मजबूत

अथवा कमजोर करने में संवेदना की महत्वपूर्ण भूमिका है।

आप भले ही समयाभाव आदि के कारण किसी के सुख में शरीक न हो पाएं तो चल जाता है, लेकिन समय का कितना भी अभाव क्यों न हो, दूसरों के दुख में शरीक अवश्य हों। जब संकट के समय आप किसी के साथ जाकर खड़े हो जाते हैं तो इससे उस व्यक्ति का संकट भले ही खत्म न हो, लेकिन उसे आत्मबल मिलता है और उसके मन में आपके लिए एक खास जगह बन जाती है। उसकी दृष्टि में आपका सम्मान बढ़ जाता है। इससे समाज में मानवीय संबंध तो सुदृढ़ होते ही हैं, आपका सम्मान और लोकप्रियता भी बढ़ती है। जिस कारण लोग आपको अपना समझने व मानने लगते हैं।

कुछ लोग न किसी के दुख में शामिल होते हैं और न खुशी में। ऐसे लोग समाज में कटे-कटे से और अलग-अलग रहते हैं, इन्हें गैर-तो-गैर अपने सगे-संबंधी भी पसंद नहीं करते।

कुछ लोग दूसरों के सुख में तो सपरिवार पहुंच जाते हैं, लेकिन दुख के समय कन्नी काट जाते हैं। समाज ऐसे लोगों को अव्वल दर्जे का पाखण्डी, खुदगर्ज और मौकापरस्त समझता है और साथ ही साथ ऐसे लोगों को समाज घृणा की नजर से भी देखता है।

इस प्रकार का लेबल आप पर न लगे आपको हमेशा यह ध्यान रखना है। आपके सम्पर्क में जो भी लोग हैं, छोटा-बड़ा, अमीर-गरीब, उनके दुख-सुख में बराबर शरीक हों। ऐसा हरगिज न करें कि पैसे वाले मित्र या संबंधी के दुख में तो बढ़-चढ़कर हिस्सा लें, घड़ियाली आंसू बहाएं और किसी गरीब मित्र या संबंधी के दुख की घड़ी में जाकर एक पल के लिए भी खड़े न हों। इससे आपका दोहरा चरित्र प्रकट होगा और यह आपकी लोकप्रियता के लिए ही नहीं, मानवीय संबंधों के लिए भी घातक सिद्ध होगा।

प्रसन्नचित्तता

आज के दौर में हालांकि यह थोड़ा कठिन काम है, फिर भी व्यक्ति को जहां तक संभव हो प्रसन्न रहना चाहिए। कोई समय ऐसा नहीं होता जब व्यक्ति के साथ कोई-न-कोई झंझट-झमेला न लगा हो, लेकिन फिर भी जो जिन्दादिल हैं, वे हरदम मुस्कराते रहते हैं। इस से व्यक्ति की सोच के स्तर का पता चलता है।

संघर्ष के दौर में भी आपकी मुस्कराहट या आपकी प्रसन्नता सिद्ध करती है कि आप परिस्थितियों से हार मानने वाले नहीं हैं। आपमें जूझने और संघर्ष करने का जज़्बा है। इससे आपके आत्मविश्वास की मजबूत झलक संसार के सामने आती है।

आपको मानना पड़ेगा कि छोटी-सी मुस्कान में वह शक्ति है जो बड़े-बड़े पैने हथियारों की धार को भी कुंद कर देती है। शत्रुता का तीखापन आप अपनी मुस्कान और प्रसन्नचित्तता से दूर कर सकते हैं। मुस्कराते और प्रसन्नचित्त व्यक्ति को सभी पसंद करते हैं। बहुत से व्यक्ति ऐसे भी होते हैं जो अपनी मुस्कान के बल पर बड़े से बड़ा कार्य करवा लेते हैं। आप भी ऐसे व्यक्ति में बदल सकते हैं।

ध्यान रखें—जो व्यक्ति सदा ही दुखी और उदास रहता हो, जो सदा ही अपनी बर्बादियों और विफलताओं का रोना रोता रहता हो, उससे लोग बचकर निकलना चाहते हैं। परिस्थितियों से घबराकर हार मान लेने वाले व्यक्ति की व्यथा कोई नहीं सुनना चाहता क्योंकि आज व्यक्ति स्वयं अपनी ही परेशानियों में उलझा हुआ है और उसे तलाश रहती है किसी हंसते-मुस्कुराते चेहरे की, किसी जिंदादिल व्यक्ति की जो उसकी व्यथाओं को कम करने में उसकी सहायता करे, जो मुस्कुराकर उसका हौसला बढ़ाए। इसलिए प्रसन्न रहिए, मुस्कुराते रहिए। जिन परिस्थितियों को आप बदल नहीं सकते, कम-से-कम उन्हें लेकर शोक व मातम न मनाएं बल्कि उन्हें स्वीकार करें। ऐसे जिन्दादिल व्यक्ति ही समाज में

स्वीकार किए जाते हैं न कि रोने वाले, गुमसुम और उदास व्यक्ति। भूलिए मत, परिस्थितियों की सलवटों को छोटी-सी मुस्कुराहट सीधा कर सकती है।

भद्रता

अकसर सुनने को मिलता है कि फलां व्यक्ति बड़ा ही भद्र है।

यह भद्र पुरुष कैसा होता है? किसी भद्र पुरुष में क्या गुण होते हैं जो समाज अथवा सभा-सोसाइटियों में उसे सम्मान दिलाते हैं। आइए देखें:-

भद्र व्यक्ति धीर-गम्भीर होता है। वह सादगी पसंद होता है और सादा जीवन उच्च विचारों का जीवंत प्रतीक होता है। आत्मप्रशंसा यानी अपने मुंह से कभी अपनी प्रशंसा नहीं करता और हमेशा अपने प्रयासों से यह भी सुनिश्चित करता है कि कहीं उससे भूले से भी कोई भूल न हो जाये। वह अपनी किसी उपलब्धि पर ढोल पीट-पीटकर लोगों में प्रचार नहीं करता और न ही हानि होने की सूरत में विलाप करता है। वह दूसरों के अवगुण खोजने या उन्हें प्रचारित करने में अपना कीमती वक्त जाया नहीं करता। मौका-माहौल देखकर वह किसी के गुणों की प्रशंसा अवश्य करता है लेकिन उसके अवगुणों पर टीका-टिप्पणी नहीं करता। दूसरों की निंदा करना या किसी पर दोष लगाना उसका स्वभाव नहीं होता।

इन गुणों से भरे व्यक्ति को ही लोग भद्र पुरुष कहते हैं और व्यावहारिक दृष्टि से ऐसा व्यक्ति सभी जगह सम्मान का पात्र बन जाता है।

सभ्यता

सभ्य व्यक्ति आप किसे कहेंगे? वैसे तो किसी भी सुटेड-बुटेड व्यक्ति को देखकर यह भ्रम होता है कि वह सभ्य है, लेकिन क्या मात्र

सूट व टाई पहन लेने से व्यक्ति सभ्य कहलाएगा? शायद नहीं। उपरी पहनावा तो कोई भी पहन सकता है। सही मायने में तो सभ्य व्यक्ति उसे कहेंगे जो शिष्टाचार जानता हो, भद्र भी हो और मर्यादा में रहता हो।

कभी-न-कभी आपने कुछ लोगों को किसी व्यक्ति के विषय में जंगली जैसे शब्दों का प्रयोग करते हुए अवश्य सुना होगा। इसका सीधा-सा अर्थ यही है कि वह व्यक्ति सामने वाले के साथ सभ्य व्यवहार नहीं कर रहा। मिसाल के लिए, कुछ लोग देखने में ठीक-ठाक मालूम होते हैं, लेकिन महिलाओं के प्रति उनके मन में बिल्कुल भी सम्मान नहीं होता। वे अपनी शक्ति के दंभ में चूर रहते हैं और उन्हें प्रभावित करने के लिए छिछोरी हरकतें करते हैं। कई लोग, बच्चों व बुजुर्गों का अपमान करने से नहीं चूकते। हालांकि स्वयं को वे भले ही सभ्य समझते हों, लेकिन सही मायने में वे निरे असभ्य होते हैं।

अतः सूट-बूट या नये दौर के फैशन परस्त कपड़े पहनकर सभ्य बनने का ढोंग न करके व्यक्ति को चाहिए कि भीतर से सभ्य बने। आइए देखें कि सभ्य व्यक्ति कैसा होता है–

- ❒ जो अपना संयम न खोता हो।
- ❒ बुजुर्गों, महिलाओं और बच्चों को उचित सम्मान देने वाला।
- ❒ नाप-तौलकर बोलने वाला।
- ❒ शिष्टाचार और मर्यादाओं का पालन करने वाला।
- ❒ किसी के मामले में बिना कहे विचार न प्रस्तुत करनेवाला।
- ❒ अन्याय के विरुद्ध आवाज उठाने वाला।
- ❒ व्यवस्थित जीवन जीने वाला।
- ❒ न अधिक गम्भीर और न अधिक वाचाल।

दोस्तो, ऐसे व्यक्ति को हम सभ्य कह सकते हैं और ऐसा व्यक्ति अपने व्यवहार से हर जगह सम्मान का पात्र बनता है। लोग ऐसे व्यक्ति को पसंद करते हैं। अपनी बातें उसे बताते हैं और उसकी बातें भी

ध्यानपूर्वक सुनते हैं। अतः सूट-बूट पहनकर सभ्य बनने से बेहतर है कि व्यक्ति भीतर से सभ्य बने और व्यवहार से भी सभ्य बने।

दृढ़ता

दृढ़ता एक शब्दभर नहीं है। इसके अर्थ व्यापक हैं क्योंकि यह जीवनशैली से जुड़ा-गुण है। व्यक्ति में कुछ बुनियादी व्यावहारिक गुणों के साथ दृढ़ता का होना भी बेहद जरूरी है।

जो कहो उसे पूरा करो, यही दृढ़ता है।

कहना कुछ, करना कुछ या ऊंची-ऊंची बातें करके दूसरों को बरगलाना; आज कोई विचार, कल कोई विचार, ऐसा व्यक्ति दृढ़ नहीं माना जा सकता और न ही कोई समझदार और सुलझा हुआ व्यक्ति ऐसे व्यक्ति पर विश्वास करता है।

मैं स्वयं अपने पाठकों को आगाह करना चाहता हूं कि जो व्यक्ति अपनी बात पर कायम न रहता हो, जिसके विचारों में सूझबूझ और दृढ़ता न हो, जिसके विचार और मापदण्ड पानी के बुलबुलों की भांति रोज बनते-बिगड़ते हों, जो हल्की बातें करे, ऐसे व्यक्ति से सदा बचकर रहें क्योंकि वह कभी भी विश्वसनीय नहीं हो सकता। जिस व्यक्ति में चट्टान जैसी दृढ़ता हो और जो अपनी बात का धनी व संकल्पवान हो, उस व्यक्ति पर आप विश्वास करें और उसी से व्यवहार रखें, आप कभी धोखा नहीं खाएंगे। यदि आपमें दृढ़ता नहीं है तो यह आपका एक बड़ा दोष है। आपकी बातों में वजन होना चाहिए ताकि लोग आप पर भरोसा कर सकें।

नम्रता

व्यक्ति को नम्र होना चाहिए, लेकिन कुछ व्यक्ति इस शब्द के मायने ही नहीं जानते। वे हमेशा अपनी झूठी अकड़ में रहते हैं। उन्हें

ऐसा गुमान होता है कि वे काफी ज्ञानी हैं, धनी हैं या शक्तिशाली हैं। वे सामने वाले को छोटा व तुच्छ समझते हैं और उनके साथ गलत व असभ्य व्यवहार करते हैं। ऐसे लोगों से हमें किसी प्रकार का व्यवहार नहीं रखना चाहिए क्योंकि मनोवैज्ञानिक दृष्टि से ऐसे लोग एक नम्बर के अहंकारी और स्वार्थी होते हैं। अपने मतलब के लिए यह लोग किसी से मीठा अवश्य बोल लें, लेकिन मतलब निकल जाने के बाद ऐसे लोग ऐसा व्यवहार करते हैं, मानो आपको पहचानते ही नहीं।

अतः आप स्वयं को देखें कि आप भी कहीं इस विकृति के शिकार तो नहीं?

मौलिकता

आजकल अधिकांश लोग दूसरों की नकल कर रहे हैं, दिखावटी जीवन जी रहे हैं, धोखा दे रहे हैं स्वयं को। हैसियत से बढ़कर दिखना और दिखाना। यह सब अपने-आपको धोखा देना है, इसे छोड़ें। नकली मुखौटा उतारकर अपना असली चेहरा देखने की हिम्मत करें, साथ ही अपने असली व्यक्तित्व को स्थापित करें। जो आपका अपना वास्तविक मौलिक रूप है, उसी के अनुसार लोगों से अच्छा व्यवहार करें।

आज के युग में अधिकांश लोग आधुनिकता की चकाचौंध में अंधे हो, बनावटी जीवन जी रहे हैं। इस प्रकार वे लोग न केवल समाज को बल्कि स्वयं को भी धोखा दे रहे हैं। जो वे नहीं हैं, वह दिखने के लिए लोगों के सामने दिखावा कर रहे हैं। जब उनकी पोल खुल जाती है तो दूसरों के सामने उन्हें अपमानित होना पड़ता है। फिर लोग उनका विश्वास करना छोड़ देते हैं, इसलिए लोग आपको छोड़ें, इससे पहले आप बनावटीपन को छोड़ें। बनावटी रहन-सहन, बनावटी हंसी, बनावटी शान, यह सब एक दिन अवश्य आपके लिए घातक सिद्ध होगा, इसे कभी न भूलें।

व्यवस्था

वैसे तो व्यवस्था का अर्थ मैनेजमेंट से है। व्यवहार और व्यवस्था का आपस में कोई सीधा ताल्लुक बेशक न दिखाई दे, लेकिन यदि हम गौर से देखेंगे तो इन दोनों में गहरा रिश्ता दिखने लगेगा।

आपका व्यवस्थित या अव्यवस्थित जीवन आपके व्यवहार का आईना है।

यहां व्यवस्था का एक अर्थ और है और वह है–सलीका।

एक व्यक्ति जो सलीके से जीता है, उसका व्यवहार लोगों के प्रति अच्छा होता है क्योंकि वह भीतर से शान्त और संयमित होता है। जबकि कोई अव्यवस्थित व्यक्ति जो भीतर से अशान्त, परेशान, झल्लाया हुआ और तनाव में होगा तो उसका व्यवहार भी लोगों से वैसा ही होगा। वह अच्छा व्यवहार कर ही नहीं सकता क्योंकि उसका मन–मस्तिष्क उसके काबू में नहीं होता। वह या तो झुंझलाएगा या क्रोधित होगा। परेशानी और दिमागी तनाव के चलते वह किसी को कभी भी उचित मान–सम्मान नहीं दे पाता।

अतः जहां तक हो, अपने जीवन को व्यवस्थित रखिए। अपने कार्यालय को, अपने घर को व्यवस्थित रखिए। इससे आपको तनाव से मुक्ति मिलेगी, आप शांत और संयमित रहेंगे और लोगों के साथ अच्छा व्यवहार करेंगे, जिससे आपकी लोकप्रियता और स्वीकार्यता, दोनों का ग्राफ तेजी से ऊपर चढ़ेगा और लोगों से आपके संबंधों में मजबूती आएगी। व्यापारिक और निजी व्यवसाय से जुड़े लोगों के लिए तो व्यवस्थित कामकाज का मतलब ही है मुनाफा। जब उनके समय व क्लाइन्टस का रिकार्ड सही तरह से व्यवस्थित होता है तभी वे अपने सभी लेन–देन व कार्यों को ठीक से पूरा पाते हैं।

परोपकारिता

इस संसार में तरह-तरह के लोग हैं। ज्यादातर लोग सिर्फ अपने लिए जीते हैं पर कुछ लोग अपने अलावा, दूसरों के लिए भी जीते हैं। सही मायनों में जीना उसी का सार्थक है जो दूसरों के लिए भी जीता है, जिसमें हमेशा परोपकार की भावना है, जो दूसरों को देकर, दूसरों की मदद करके, दूसरों की सेवा करने में जीवन की सार्थकता अनुभव करता है।

सिर्फ अपने लिए जीने वालों को खुद सोचना चाहिए कि क्या वे मानव कहलाने के योग्य हैं?

इस दुनिया में जितने भी आविष्कार हुए हैं, उनके आविष्कारकों के मन में एक ही प्रबल भावना थी और वह थी-सबके भले की।

आज प्रत्येक संस्कृति में ऐसे व्यक्ति को सबसे अधिक पसंद किया जाता है जो निःस्वार्थ भाव से दूसरों की मदद के लिए तैयार रहता हो। इस श्रेणी में हर किस्म के लोग हैं-कुछ बुद्धिजीवी हैं जो लोगों को धन नहीं दे सकते, लेकिन अपने बुद्धिबल से समाज की सेवा करते हैं। कुछ लोग ऐसे भी हैं जो शारीरिक श्रम करके लोगों की सेवा नहीं कर सकते, वे किसी दूसरे तरीके से लोगों की सहायता व सेवा करते हैं तो कुछ लोग तन-मन से सदैव दूसरों की मदद या सेवा करने के लिए तैयार रहते हैं।

जिसके मन में ऐसी भावना होती है कि मैं दूसरे को बांटकर खाऊं, दूसरों की मदद करुं, दूसरों की सेवा करूं, कुछ ऐसा करूं जिससे लोगों को सुख मिले, उसका व्यवहार लोगों से निःसंदेह प्रशंसा पाने के योग्य होगा। अतः व्यक्ति को चाहिए कि अपना-अपना न सोचकर परोपकार की भावना मन में रखें; व्यावहारिकता में चार चांद लगाने के लिए यह गुण सोने पर सुहागा की तरह है। ऐसा व्यक्ति सदा समाज की नजरों में सितारे की तरह चमकता है।

समयबद्धता

यदि आप चाहते हैं कि लोग आपकी कद्र करें तो समय के पाबंद बनें। मैंने देखा है कि आज अधिकांश लोग इस महत्वपूर्ण व्यावहारिक पहलू से मुंह मोड़े हुए हैं। वे न अपने समय की कद्र करते हैं और न दूसरे के समय की। यह एक बहुत बड़ा व्यावहारिक दोष है जो क्षमा के योग्य नहीं है।

ऐसे व्यक्ति का भरोसा क्षणभर में ही खत्म हो जाता है और दूसरों की नज़र में ऐसा व्यक्ति फौरन ही लापरवाह और गैर जिम्मेदार बन जाता है। इससे न केवल व्यक्ति की खुद की छवि खराब होती है बल्कि उसके मानव संबंधों में भी दरार पैदा हो जाती है।

पुरानी कहावत है– समय धन है। बल्कि यहां तक माना जाता है कि धन है और समय है तो समय चुनिए क्योंकि वह अधिक मूल्यवान है। इसलिए समय की कद्र करना सीखें। अपने समय की भी और दूसरों के समय की भी।

किसी को यदि किसी समय पर कोई काम करने का वादा करें तो उसे पूरी तवज्जोह देकर पूरा करें। समय और अपनी बात की इज्जत रखें।

इससे लोग आप पर भरोसा और आपको पसंद करने लगते हैं। आपको सिर्फ यह गुण विकसित करने से भरोसे का धन मिलने लगता है।

आत्मसम्मान

जो अपना सम्मान स्वयं नहीं करता, दूसरे लोग भी उसका सम्मान नहीं करते।

मैंने ऐसे बहुत से लोग देखे हैं जो तुच्छ स्वार्थों के लिए अपने सम्मान को दांव पर लगा देते हैं। आत्मसम्मान को दांव पर लगाकर यदि आप कुछ प्राप्त करते हैं तो आपको उस प्राप्ति का सच्चा सुख कभी हासिल नहीं होगा क्योंकि गाहे–बगाहे आपके मन को यह बात अवश्य

ही कचोटेगी कि मैंने यह चीज, पद, धन या रुतबा अपने सम्मान को गंवाकर हासिल किया है। भले ही दूसरे न जान पाएं लेकिन यह बात आपको उम्र-भर परेशानी में रखेगी।

अतः भले ही कितना भी अभाव हो, लालच में पड़कर आत्मसम्मान को न गंवाएं। यदि आप ऐसा कर लेते हैं तो एक तो, लोगों की नजर में आपकी कीमत गिर जाती है, वे आपको बेहद सस्ता और तुच्छ समझकर आपके साथ सदा अशोभनीय व्यवहार करेंगे। दूसरा, आप खुद से कभी नजरें नहीं मिला पाएंगे।

इस संदर्भ में कुत्ते और हाथी की मिसाल ली जा सकती है। कुत्ते को आप बार-बार दुत्कारें और बार-बार रोटी का टुकड़ा दिखाकर बुलाएं, वह हमेशा आपके सामने आकर पूंछ हिलाएगा और आपके कदमों को चाटेगा लेकिन हाथी इतना स्वाभिमानी होता है कि यदि महावत उसे तनिक भी झिड़क दे तो वह तब तक भोजन को नहीं छूता जब तक महावत उसकी पूरी मान-मनुहार न कर ले।

अतः किसी के भी सामने स्वयं की कमजोरियों या अभावों को दिखाकर खुद को इतना अधिक तुच्छ न बनाएं कि आपका सम्मान ही खत्म हो जाए। इसलिए हमेशा अपना आत्मसम्मान बनाएं रखें और स्वाभिमान के साथ सिर उठाकर जिएं।

सत्यता

कुछ लोग अपने जीवन में सत्य को कोई खास अहमियत नहीं देते। वे बात-बात में झूठ का सहारा लेते हैं, एक झूठ को छिपाने के लिए दसियों झूठ बोलते हैं। ऐसे लोगों के विश्वास का ग्राफ तेजी से गिरता है। लोग उनकी किसी बात पर विश्वास नहीं करते। व्यावहारिक दृष्टि से यह व्यक्ति का बहुत बड़ा दोष बन जाता है।

मैंने देखा है कि ऐसे लोगों का सामाजिक दायरा भले ही कितना भी

व्यापक क्यों न हो, लेकिन वह सुदृढ़ नहीं होता। झूठे व्यक्ति को बाहर के लोग तो क्या अपने परिवार के लोग भी पसंद नहीं करते। एक बार किसी व्यक्ति की झूठे आदमी की छवि बन जाती है तो वह आसानी से नहीं मिटती। बाद में भले ही वह सच बोलने लगे, तब भी लोग उसका विश्वास उम्रभर नहीं करते। ऐसे आदमी से लोग व्यवहार करना पसंद नहीं करते। बिजनेस और सेल्स के काम में तो सिर्फ विश्वास का सिक्का चलता है, इसलिए झूठे के लिए वहां कोई जगह नहीं।

हालांकि सीधे तौर पर आदमी स्वीकार नहीं करता कि वह झूठ बोलता है लेकिन वह अच्छी तरह जानता है कि मैं झूठ बोल रहा हूं। वह झूठ और बहाने बनाकर समझता है कि उसने सामने वाले को बेवकूफ बना दिया है, लेकिन ऐसा होता नहीं है। लोग फौरन सच-झूठ में फर्क कर लेते हैं और उनकी नजर में उस झूठे आदमी का सम्मान घट जाता है। अतः हमेशा सच बोलें। जहां तक हो, सत्य का साथ दें। किसी की झूठी तारीफ न करें। झूठ बोलने वाले व्यक्ति कभी किसी से नजर नहीं मिला पाते और ऐसे लोगों के मानवीय संबंध भी दीर्घकालिक नहीं होते। ऐसे लोगों के पास सच्चे सहयोगियों, मददगारों और सहानुभूति रखनेवालों की हमेशा कमी बनी रहती है। यही कारण है कि झूठे लोग जीवन में उन्नति नहीं कर पाते।

आप कह सकते हैं कि आजकल झूठे, बेईमान और मक्कार लोग ही ज्यादा फल-फूल रहे हैं। आप कुछ हद तक ठीक हो सकते हैं लेकिन आप कभी उनके मन की स्थिति जानने की चेष्टा करें–वे अन्दर से बेहद दुखी, अशान्त, डरे हुए और विचलित रहते हैं और जीवन का सच्चा आनन्द नहीं उठा पाते। उन्हें हर पल समाज के नियमों और संविधान के कानून का डर सताता रहता है।

क्या आप इसे फलना-फूलना या तरक्की कह सकते हैं? जब सत्य के बल पर आप अपनी छवि को उच्चतर बना सकते हैं, जीवन का सच्चा आनन्द उठा सकते हैं तो झूठ के दलदल में क्यों धंसते हैं।

ईमानदारी

सत्य और ईमानदारी में कोई खास भेद नजर नहीं आता। जो व्यक्ति सत्यवादी होता है, वह ईमानदार भी होता है और ईमानदारी एक लाजवाब व्यावहारिक गुण है। आप ईमानदार हैं तो लोग आंख मूंद कर आप पर भरोसा करते हैं। आपकी साख बन जाती है और अपने इस गुण के कारण आप सबके चहेते, सबके लिए आदर के पात्र बन जाते हैं। आपके मित्रों, सहयोगियों और संबंधियों का दायरा बढ़ जाता है।

अंग्रेजी में कहावत है– हॉनेस्टी इज द बेस्ट पॉलिसी।

यदि व्यापारिक नीति की बात की जाए तो उसमें ईमानदारी सर्वोपरि है।

आप जीवन में सुख, शान्ति, सफलता, सम्मान, लोकप्रियता कुछ भी यदि पाना चाहते हैं तो आपको ईमानदार होना पड़ेगा। अपने प्रति, अपने परिवार के प्रति, अपने व्यवसाय के प्रति, अपने कार्य के प्रति, अपने समाज के प्रति व अपने देश के प्रति।

झूठ और बेईमानी की बुनियाद पर यदि आप कोई इमारत खड़ी कर भी लेंगे तो वह कभी भी भरभराकर गिर जाएगी। बेईमान, मक्कार, झूठे और चालबाज लोग कहीं भी अधिक समय तक नहीं टिक पाते– न रिश्तों में, न समाज में और न ही व्यापार में। ऐसे लोगों की जल्दी ही पोल खुल जाती है और तब वे कहीं के नहीं रहते। ऐसे लोगों से दूसरे लोग किसी प्रकार का आदान–प्रदान करना पसंद नहीं करते।

अतः आप यदि सर्वमान्य होना चाहते हैं, मानवीय संबंधों को खूबसूरत और सुदृढ़ बनाना चाहते हैं, व्यापार में उन्नति करना चाहते हैं तो आपको ईमानदार होना चाहिए अन्यथा आपका हरेक प्रयास विफल होगा।

मैंने देखा है कि झूठे और बेईमान व्यक्ति में आत्मविश्वास, साहस और हिम्मत नहीं होती। वे अन्दर से डरे हुए होते हैं, किसी से नजरें मिलाकर बात नहीं कर पाते। ऐसे लोगों की खास पहचान यह होती है

कि किसी से भी पहली मुलाकात होने पर ये लोग स्वयं को सच्चा और ईमानदार बताने की कोशिश करते हैं, कसमें खा-खाकर और ईश्वर से डरने का नाटक करके बताते हैं कि वे कितने सच्चे और ईमानदार हैं। दोस्तो, यदि आपमें ऐसा कोई अवगुण है तो उससे आज, अभी और इसी वक्त किनारा कर लें क्योंकि यह आपको भारी हानि पहुंचा रहा है, साथ ही इस प्रकार के लोगों से भी बचें। ऐसे लोग व्यवहार के योग्य नहीं होते। वे आपको धोखा देने में कभी भी नहीं हिचकेंगे।

चरित्र

मनुष्य की सबसे प्रबलशक्ति है–**उसका चरित्र।**

पुरानी कहावत है–

धन गया, कुछ नहीं गया।

स्वास्थ्य गया, कुछ गया।

चरित्र गया, सब कुछ गया।

चरित्र वह शक्ति है जिसके जाने पर व्यक्ति का सब कुछ चला जाता है। चरित्रवान व्यक्ति के सामने दुनिया झुकती है जबकि चरित्रहीन व्यक्ति को लोग घृणा और हीनता की दृष्टि से देखते हैं।

यहां चरित्र के अलग-अलग संदर्भों में अलग-अलग अर्थ हैं।

- ❐ व्यापारिक क्षेत्र में यदि कोई व्यापारी अपने व्यवसाय को बढ़ाने के लिए अपने सिद्धांतों से गिरकर अनैतिक कार्य करता है तो इसे चरित्र से गिरना कहा जाएगा।
- ❐ कोई सरकारी अफसर रिश्वत लेता है, अपने हित के लिए दूसरों से धन ऐंठता है तो वह भी चरित्र से गिरा हुआ है।
- ❐ समाज में ऐसे लोगों को घृणा की दृष्टि से देखा जाता है जो यौनाचारी हों और दूसरों की बहन-बेटियों को बुरी नजरों से देखते हैं। चरित्रहीनता का सबसे निचला स्तर यही है।
- ❐ जो राजनीतिज्ञ अपने सत्ता लोभ के लिए अनैतिक कार्य करते

हैं, लोगों को बरगलाते हैं, झूठ बोलते हैं, हत्याएं करवाते हैं, साम्प्रदायिक विद्वेष फैलाते हैं, वे भी चरित्र से गिरे हुए होते हैं।

इस प्रकार के चरित्रहीन लोगों को आप निजी जीवन में किस स्थान पर रखते हैं, इसका निर्णय आप स्वयं करें। निःसंदेह आप इसी नतीजे पर पहुंचेंगे कि ऐसे लोग हमें पसंद नहीं। यदि आप स्वयं ऐसे किसी व्यक्ति को पसंद नहीं करेंगे तो सोचिए कि यदि आपमें यह दोष होगा तो लोग आपको क्यों पसंद करेंगे? लोग क्यों आपसे कोई व्यावहारिक रिश्ता रखना चाहेंगे?

अतः चरित्रवान बनें। अपने चरित्र पर किसी प्रकार का दाग न आने दें। अपने सिद्धान्तों से प्यार करना सीखें, अपने सम्मान की हर हाल में और हर कीमत पर रक्षा करें। अच्छे व्यक्तित्व वाला किन्तु सिद्धान्तहीन, दुष्चरित्र व्यक्ति उस फूल के समान है जिसमें सुगंध नहीं होती बल्कि उसके कांटे दिखते भी हैं और चुभते भी हैं।

जन-प्रातिक्रयाएं

सूर्या जी,

आसाम में पिछले दिनों हुआ आपका तीन दिवसीय 'Goal Setting and Dream Building Programme' बेहद सफल रहा। प्रोग्राम अटैण्ड करने के बाद सैकड़ों की संख्या में युवक-युवतियों ने मुझे बताया कि आपका यह प्रोग्राम अटैण्ड करके उन्हें वास्तव में एक नई दिशा मिली है। सभी की इच्छा है कि आसाम में आपके कुछ और प्रोग्राम्स मसलन-'नेटवर्क मार्केटिंग में सफलता, पर्सनेलिटी डेवलपमेंट' आदि आयोजित करवाए जाएं। इस संदर्भ में हमारा ग्रुप जल्दी ही कोई निर्णय लेकर आपको सूचित करेगा।

– सुशील कुमार दत्ता, गयासुद्दीन अहमद

(आसाम)

***

सूर्या जी,

आज आप एक 'मैनेजमेंट गुरु' के रूप में जाने जा रहे हैं। मैंने कोलकाता में हुआ आपका प्रोग्राम 'Secret of Success' अटैण्ड किया था। इससे मुझे बेहद लाभ हुआ है। सबसे बड़ी बात तो यह है कि पहले मैं हमेशा नकारात्मक बातें सोचता था और किन्हीं अनहोनियों के डर से सहमा रहता था, लेकिन आपके सकारात्मक सोच वाले लेक्चर ने मेरा जीवन ही बदल दिया है। आज मैं सकारात्मक और आशामय विचारों को पालता हूं और वास्तव में आज जीवन का सही आनंद ले रहा हूं।

– पीयूष डे

(कोलकाता)

***

हमारे जीवन में अनगिनत समस्याएं हैं। श्री सूर्या सिन्हा जी के मार्गदर्शन में ***पर्सनेलिटी डेवलपमेंट कोर्स*** करने से मैंने सीखा कि कैसे मैं इन समस्याओं का सामना करके इनका समाधान निकाल सकता हूँ और कैसे अपने जीवन को खूबसूरत ढंग से जी सकता हूँ।

कमलेश प्रसाद, गोरखपुर

***

मुझमें आत्मविश्वास की कमी थी, कहीं और किसी के सामने बोलना होता था तो ठीक से बोल भी नहीं पाता था। मगर इस ***पर्सनेलिटी डेवलपमेंट कोर्स*** को करके मेरा शारीरिक व मानसिक बल बढ़ा है। अब मैं कहीं भी और किसी के सामने बिना ख़ौफ़ के बोल लेता हूँ। इस कोर्स को करने के बाद मेरा आत्मविश्वास भी काफ़ी बढ़ गया है।

अशोक त्यागी, दिल्ली

***

पर्सनेलिटी डेवलपमेंट कोर्स नामक कार्यशाला में मेरा मानसिक, भावनात्मक एवं आध्यात्मिक अनुभव बहुत अच्छा रहा। अध्यात्म के प्रति मेरी रुचि काफ़ी बढ़ी है। समय और स्वास्थ्य के महत्व को भी मैंने समझा और मेरी याद्दाश्त में भी वृद्धि हुई। ऐसी ज्ञानवर्धक कार्यशाला में भाग लेकर कोई भी व्यक्ति अपने जीवन को सुधार सकता है। इसलिए मैं तो यही कहूँगा कि श्री सूर्या सिन्हा जी के सान्निध्य में ऐसे कोर्स/ कार्यशाला जहाँ भी आयोजित हों, आप सभी लोग भी अवश्य भाग लें।

असलम खान, लखनऊ

***

आपके द्वारा आयोजित ***पर्सनेलिटी डेवलपमेन्ट कोर्स*** को करके मैं मानसिक रूप से हल्कापन महसूस कर रहा हूँ। अब मेरा मन प्रसन्नता से भरा रहता है, शरीर में स्फूर्ति एवं आनन्द महसूस हो रहा है। वर्षों से जो आदतें नहीं छूट रही थीं वे धीरे-धीरे छूटने लगी हैं। भय का भाव

ख़त्म हो गया है और आत्मविश्वास बढ़ा है। अब मैं यह दावे के साथ कह सकता हूँ कि इस कार्यशाला से मैंने जीना सीख लिया है।

तारिक अनवर, अहमदाबाद

***

श्री सूर्या सिन्हा जी से मैंने इतना कुछ सीखा है कि मैं उसे शब्दों में बता नहीं सकती। अब मैं मानसिक शांति का अनुभव करती हूं, शारीरिक रूप से अपने आप को चुस्त और दुरुस्त पाती हूं, मेरा मनोबल मज़बूत हुआ है, मेरे व्यवहार में काफ़ी सुधार आया है, आत्मविश्वास में वृद्धि हुई है। साथ ही अब मैं बहुत ही गम्भीरता के साथ अपने लक्ष्य को प्राप्त करने में लग गई हूँ।

नेहा शर्मा, जयपुर

***

पर्सनेलिटी डेवलपमेंट कोर्स करना समय की मांग है। इसलिए सोचा यह कोर्स कर ही लिया जाए। कोर्स करने के बाद मालूम हुआ कि पूरा ***पर्सनेलिटी डेवलपमेंट कोर्स*** मनोरंजक, ज्ञानवर्धक व अच्छाइयों से भरा-पूरा था। कोर्स के पहले दिन ही मुझे आभास हो गया था कि मैंने इसमें भाग लेकर कोई नुकसान नहीं किया है। इस कोर्स में मैंने इतना कुछ सीखा है जिसे मैं अपने शब्दों में व्यक्त नहीं कर सकता। बस इतना ही कह सकता हूं कि ***पर्सनेलिटी डेवलपमेंट कोर्स*** में भाग लेकर मैं अपने आपको बहुत ही भाग्यशाली समझता हूँ।

आलोक शर्मा, पटना

***

विनर्ज़ ट्रैक द्वारा आयोजित व श्री सूर्या सिन्हा जी द्वारा ली गई ***पर्सनेलिटी डेवलपमेंट कोर्स*** को करके मुझे इतना आनन्द आया जितना आनन्द मुझे Essal World में जाकर नहीं आया था। यहाँ पर श्री सूर्या सिन्हा जी ने हर विषय को इतनी खूबसूरती से समझाया व

करवाया कि मुझे ऐसा लगा कि हम एक नए तरह के जीवन को जी रहे हैं। इसमें प्रत्येक प्रतिभागी अपना अनुभव लेते हुए सीख रहा था। यहां से मैंने मनोरंजक ढंग से सीखने के अलावा सकारात्मक ढंग से सोचना व देखना भी सीख लिया है।

राजीव खण्डेलवाल, पीतमपुरा, दिल्ली

***

श्री सूर्या सिन्हा जी द्वारा कराए गए ***पर्सनेलिटी डेवलपमेंट कोर्स*** को करके मैंने सीख लिया है कि मुझे अपने जीवन को कैसे जीना है, लोगों से कैसे व्यवहार करना है, समय का कैसे प्रबन्धन करना है, अपनी कार्यक्षमता का कैसे विकास करना है, लक्ष्य प्राप्ति कैसे की जाए व अपने जीवन को किस तरह से साकार किया जाए। इन सभी बातों के लिए मैं विनर्ज़ ट्रैक व श्री सूर्या सिन्हा जी का आभारी हूं।

महिमा देशपांडे, एडवोकेट, मुम्बई हाईकोर्ट

***

पहले मैं अपने विचारों को दूसरों के सामने व्यक्त नहीं कर पाता था। मगर ***पर्सनेलिटी डेवलपमेंट कोर्स*** को करके मैंने अपने विचारों को व्यक्त करना सीख लिया है। मेरी झिझक समाप्त हो गई है। अब मैं बहुत ही आसानी से दूसरों के सामने अपने विचारों को व्यक्त कर पाता हूं। स्वयं को जानना व आत्म निरीक्षण करना मुझे सबसे ज़्यादा अच्छा लगा। इस अभ्यास को करने के बाद मेरे जीवन व व्यवहार में बहुत ही आश्चर्यजनक व खूबसूरत बदलाव आया है।

दिनेश मेहरा, देहरादून

***

पर्सनेलिटी डेवलपमेन्ट कोर्स करने से पहले मुझे बहुत ज़ल्दी गुस्सा आ जाया करता था। अब मुझ में बहुत बदलाव आ गया है। मेरे इस शांत स्वभाव को देखकर मेरे घर वाले बहुत हैरान व खुश हो गए

हैं। अब जबकि मेरा कोर्स ख़त्म हो गया है। इसलिए अगर मुझे इसके प्रचार-प्रसार के लिए कोई कार्य दिया जाएगा तो उसे मैं अपना सौभाग्य समझूंगी।

शीतल नेगी, अल्मोड़ा, उत्तराखंड

***

इस ***पर्सनेलिटी डेवलपमेंट कोर्स*** से मुझे बहुत लाभ हुआ। इसमें मैंने जाना कि कैसे हम अपने अन्दर छुपी शक्तियों को जाग्रत करके उन्हें उचित ढंग से प्रयोग में ला सकते हैं। इस तरह के ***पर्सनेलिटी डेवलपमेंट कोर्स*** में भाग लेने का मौका अगर मुझे मिलता रहे तो मैं बार-बार इसमें भाग लेना चाहूंगा।

विनय कुमार पाठक, पटना

***

सर,

आपका ***पर्सनेलिटी डेवलपमेंट कोर्स*** करने के बाद से मेरे जीवन में आश्चर्यजनक परिवर्तन आया है। आपके ***पर्सनेलिटी डेवलपमेंट कोर्स*** ने मेरे जीवन की दिशा बदल दी है। मैं एक दवा कम्पनी में बतौर एक्जीक्युटिव था, पर मुझे कुछ ख़ास सफलता नहीं मिल रही थी लेकिन आपके कोर्स पर अमल करने के बाद उसी कम्पनी में अब मैं नम्बर वन हूँ। आपके दिशा-निर्देशों पर अमल करके ही मैंने अपने व्यक्तित्व का ऐसा विकास किया है कि अब मेरे कार्यक्षेत्र में मेरा प्रभाव काफी बड़ा है और आत्मविश्वास में भी ज़बरदस्त इज़ाफा हुआ है। मेरी सफलता का श्रेय सही मायने में आपको ही जाता है।

मनीष कुमार, कानपुर

***

सर,

मेरे एक मित्र ने आपके *पर्सनैलिटी डेवलपमेंट कोर्स* के विषय में मुझे बताया था। आपकी क्लास अटैण्ड करके मैंने अपने व्यक्तित्व को निखार कर वह सब पाया जिसका मैं तलबगार था, यानि-प्रभाव, सम्मान, सफलता, लोकप्रियता और प्रतिष्ठा। आज मेरा न कोई विरोधी है, न शत्रु। जो थे, उन्हें मैंने आपके बताए सूत्रों पर अमल करके अपना मित्र बना लिया है। अब मैं अपने बेटे और बेटी को भी आपकी क्लास अटैण्ड कराना चाहता हूँ।

कृपया बताएं कि अब अहमदाबाद में आपकी क्लासेज़ कब शुरू हो रही हैं?

आपका विद्यार्थी

जे.के.बर्मा, अहमदाबाद

***

मेरे प्रेरणास्रोत सूर्या सर,

आपके पिछले नागपुर प्रवास के दौरान मैंने आपसे, *पर्सनैलिटी डेवलपमेंट* के कुछ टिप्स लिये थे। जिनसे मुझे न केवल व्यावहारिक सफलता मिली बल्कि अपनी कुछ कमियों को दूर करके मैंने समाज में सम्मान भी खूब पाया। मेरे कर्मचारी भी अब मुझसे प्रभावित एवं प्रसन्न रहते हैं। क्रोध तो अब मुझे आता ही नहीं।

इस परिवर्तन का श्रेय मैं आपको ही देता हूँ। आपके द्वारा कराये गए मेडिटेशन व बताए गए टिप्स पर अमल करके मुझे सबसे बड़ा लाभ दिमागी शान्ति के रूप में मिला है। अब मैं बेहद शान्त रहता हूँ। निवेदन है कि मैं अपनी फैक्ट्री के कर्मचारियों को भी आपकी क्लास अटैण्ड करवाना चाहता हूं। आपका अगला नागपुर दौरा कब होगा? कृपया बताएं या मेरे निमन्त्रण पर नागपुर पधारें। आपकी सभी शर्तें मुझे मंजूर होंगी।

सुधाकर भौंसले,

नागपुर

***

सूर्या सर,

आपके *मेमोरी डेवलपमेंट वर्कशॉप* से मुझे बेहद लाभ पहुँचा है। वर्कशॉप अटैण्ड करने के बाद मैंने आपकी पुस्तक **'अपनी याद्दाश्त कैसे बढ़ाएँ'** खरीदी व उस पुस्तक से भी मैंने बहुत कुछ सीखा। आपके द्वारा बताए गए मैथड पर अमल करके मेरी याद्दाश्त इतनी तेज़ हो गई है कि लोग मुझे कम्प्यूटर कहने लगे हैं।

सर, अब मैं आपकी ***पर्सनेलिटी डेवलपमेंट कोर्स*** नामक क्लास अटैण्ड करना चाहता हूँ। यदि निकट भविष्य में देहरादून या उसके आस–पास आपका कोई कार्यक्रम होने वाला हो तो कृपया मुझे ज़रूर बताएं।

राजेश कुमार, देहरादून

***

सर,

आपकी पुस्तक **'विचारों का जादू'** बेहद पसन्द आई। इस पुस्तक ने न केवल मेरे सोचने का नजरिया बदला बल्कि सकारात्मक विचारों ने मेरी ज़िन्दगी ही बदल दी है। मेरे जिस मित्र ने मुझे आपकी यह पुस्तक भेंट की थी। उसी ने मुझे आपके द्वारा आयोजित की जाने वाली ***पर्सनेलिटी डेवलपमेंट कोर्स*** के विषय में भी बताया।

अब मैं आपकी क्लास अटैण्ड करना चाहता हूँ। मैं भोपाल में रहता हूँ कृपया मेरा मार्गदर्शन करें कि मैं किस प्रकार आपकी क्लास अटैण्ड कर सकता हूं।

संतोष अग्रवाल, भोपाल

सवाल आपके जवाब सूर्या सिन्हा के

सवाल : व्यक्तित्व विकास की दिशा में किन खास बातों पर ध्यान दिया जाना चाहिए जिससे व्यक्तित्व विकास किया जा सके?

–अतुल श्रीवास्तव

(लखनऊ)

जवाब : अपने इस सवाल के जवाब के लिए आप मेरी इस पुस्तक का गहनता से अध्ययन करें। कुछ समय बाद आप स्वतः ही पाएंगे कि आपके व्यक्तित्व में निखार आ चुका है।

***

सवाल : मैं आपके द्वारा चलाए जा रहे *पर्सनेलिटी डेवलपमेंट कोर्स, लीडरशिप डेवलपमेंट प्रोग्राम एवं टीम बिल्डिंग प्रोग्राम* अटैण्ड करना चाहता हूँ, इसके लिए क्या करूं?

–संदीप पाटिल

मालेगांव, महाराष्ट्र

जवाब : इसके लिए आप अपना नाम, पता, ई-मेल एड्रेस व फोन नम्बर के साथ हमें ई-मेल करें। उसमें आप खासतौर से यह उल्लेख करना न भूलें कि आप किस कोर्स या प्रोग्राम को अटैण्ड करना चाहते हैं। ताकि जब भी हम आपके शहर या आपके शहर के नज़दीक कोई प्रोग्राम करने आएं तो हम आपको सूचित कर सकें।

***

सवाल : मैं अपनी टीम व कम्पनी के लिए आपका एक ट्रेनिंग प्रोग्राम रखवाना चाहता हूँ, इसके लिए मैं क्या करूँ?

–संजीव कुमार राय

पटना

जवाब : इसके लिए आप हमारे ऑफिशियल स्टाफ से फोन या ई-मेल द्वारा संपर्क करें।

***

सवाल : क्या आपके द्वारा कोई स्कूल भी चलाया जाता है? मैं *पर्सनेलिटी डेवलपमेंट* का *कोर्स* करना चाहता हूँ। मैं बलिया में रहता हूँ क्या पत्राचार द्वारा यह कोर्स किया जा सकता है?

–राजेश सिंह

बलिया, बिहार

जवाब : मेरे ***पर्सनेलिटी डेवलपमेंट*** सम्बन्धित कई प्रोग्राम दिल्ली, कोलकाता, मुम्बई, बंगलूरू व अन्य दूसरे कई शहरों में समय-समय पर आयोजित होते रहते हैं। जहाँ पर सिर्फ मैं ही नहीं, कुछ दूसरे ट्रेनर्स भी आते हैं और लोगों को ट्रेनिंग देकर उनका आत्मिक विकास करते हैं। आप मेरी कैसेट्स व सी.डी. सुनें, उनमें आपको ***पर्सनेलिटी डेवलपमेंट*** से सम्बन्धित बहुत-सी बातें सीखने के लिए मिलेंगी। मैं आपको स्पष्ट कर दूँ कि पत्राचार द्वारा यह कोर्स संभव नहीं है। पुस्तकें और कैसेट्स आपका भरपूर मदद कर सकती हैं। कभी आपके शहर में मेरा कोई प्रोग्राम होगा तो मैं आपको अवश्य सूचित करूँगा।

***

सवाल : मैं अपने ग्रुप में बांटने के लिए 200 प्रतियां खरीदना चाहता हूँ, इसके लिए कहाँ सम्पर्क करूँ?

–संदीप घोष

कोलकाता

जवाब : पुस्तकों के लिए आप हमारे ऑफिशियल स्टाफ से संपर्क करें, आपको उचित कमीशन पर पुस्तकें प्राप्त होंगी।

***

सवाल : मैं एक ग्रुप लीडर हूँ और चाहता हूँ कि आप मेरे ग्रुप को शिक्षित करें, क्या यह संभव है? कृपया अपनी फीस आदि बताएं।

–डी.पी.सक्सेना

वाराणसी, उ.प्र.

जवाब : हाँ, यह सम्भव है। फीस आदि के विषय में आप अधिक चिंतित न हों। मेरा उद्देश्य अधिक से अधिक युवा पीढ़ी को शिक्षित करना है ताकि एक शिक्षित और सुंदर भारत के निर्माण में सहायक बन सकूं। वैसे भी पारिश्रमिक समय और परिस्थितियों के अनुसार तय होता है।

***

❑❑❑

बुकिंग हेतु आदेश पत्र

नाम --

पता --

फोन ------------ मोबाइल ----------------

ई-मेल --

कार्यशाला/सेमिनार – ☐ सात दिवसीय ☐ पांच दिवसीय

☐ तीन दिवसीय ☐ दो दिवसीय ☐ एक दिवसीय

(जिस कार्यशाला/सेमिनार का चयन करें, उस बॉक्स पर ✔ का निशान लगाएं।)

कृपया ध्यान दें

✔ सभी कार्यशालाओं/सेमिनारों की अलग-अलग प्रोफेशनल फीस है।

✔ एक से ज्यादा सेमिनार/कार्यशाला करवाने पर पैकेज डिस्काउंट मिलेगा।

✔ हवाई जहाज किराया और लॉजिंग व फूडिंग के अतिरिक्त चार्जिज होंगे।

✔ चयनित कार्यशाला/सेमिनार बुकिंग हेतु शुल्क का 50 प्रतिशत बैंक ड्राफ्ट/चेक के जरिए अग्रिम भुगतान करना आवश्यक है।

आमंत्रण

यदि आप अपनी पर्सनैलिटी को डेवेलॅप करना चाहते हैं और व्यक्तिगत रूप से लेखक, मानव प्रशिक्षक एवं प्रेरक सूर्या सिन्हा का **'पर्सनैलिटी डेवलॅपमेन्ट प्रोग्राम'** को अटैण्ड करना चाहते हैं तो आप इस रजिस्ट्रेशन फॉर्म को भर कर हमें भेज सकते हैं। हम आपको अपने **'पर्सनैलिटी डेवलॅपमेन्ट प्रोग्राम'** में शामिल होने के लिए आपके नजदीकी शहर में आमंत्रित कर सकते हैं–

रजिस्ट्रेशन फॉर्म

आवेदक का नाम : ....

पिता / पति का नाम : ....

माता का नाम : ....

आयु : .... वर्ष

लिंग : पुरुष ( ) स्त्री ( )

शैक्षणिक योग्यता : ....

आवेदक का व्यवसाय : ....

घर का पता : ....

....

....

फोन नं0 : ....

मोबाइल नं0 : ....

कार्यालय का पता : ....

....

....

फोन नं0 ....

स्थान : ....

दिनांक : ....

....

हस्ताक्षर आवेदक

प्रभात प्रकाशन द्वारा प्रकाशित

हार्ड बॉन्ड: 250/-

पेपर बैक: 125/-

क्या आप जानते हैं कि कंप्यूटर की एक खास विशेषता क्या है? उसकी खास विशेषता है–उसकी मैमोरी, यानी याद रखने की क्षमता। वर्षों पुराना रिकॉर्ड भी की-बोर्ड पर दो बटन दबाते ही आपकी आंखों के सामने होता है और इस याददाश्त के बल पर हीआज वह सबका चहेता है।

मगर क्या आप जानते हैं कि आपके स्वयं का दिमाग भी एक कम्प्यूटर है, मगर इसकी मैमोरी क्षमता बड़ी दुर्बल है – कैसे बढ़ाएं दिमागरूपी इस कम्प्यूटर की मैमोरी पॉवर? कैसे हो आपकी याददाश्त प्रबल?

इसका जवाब है :

'अपनी याददाश्त कैसे बढ़ाएं'

यह अनमोल पुस्तक न सिर्फ आपकी याददाश्त बढ़ाने में, बल्कि आपके संपूर्ण व्यक्तित्व विकास में भी एक महत्वपूर्ण भूमिका अदा करेगी।

सूर्या सिन्हा की कलम से निकली अनमोल पुस्तक

मानवीय व्यवहारों पर आधारित यह एक ऐसी उत्कृष्ट पुस्तक है, जो मौन को तोड़ती है और समता, ममता एवं प्यार से हमें एक-दूसरे से जोड़ती है।

आज के वातावरण में जीवन में सफलता पाने का एकमात्र उपाय है कि हम लोगों को अपना बनाना सीखें।

प्रस्तुत 'लोक व्यवहार' आपसी दूरियों और अकेलेपन को मिटाकर नई भावना, नई सोच और सबको अपना बनाने के द्वार खोलने में अत्यंत सहायक सिद्ध होगी, जिससे हम जीवन में सुख सफलता प्राप्त कर सकेंगें, इसलिए इसे अवश्य पढ़ें और बनें व्यवहारकुशल।

हार्ड बॉन्ड: 175/-

पेपर बैक: 95/-

यदि आपको अपने शहर में सूर्या सिन्हा की कोई पुस्तक अथवा सीडी मिलने में परेशानी हो तो हमसे सम्पर्क करें। बड़ा आर्डर मंगाने पर विशेष छूट का लाभ प्राप्त करें।

फोन : 09350527204, 09313632981

नंबर 1 बेस्टसेलर
जीवन के प्रेरक
कुछ ऐसे विचार, जो बदल देंगे आपकी जिन्दगी
सूर्या सिन्हा
सूर्या सिन्हा
आओ, बनें सफल वक्ता
कहानियाँ बोलती हैं
सूर्या सिन्हा
जीवन को नई रौशनी प्रदान करती प्रेरक कहानियां
सकारात्मक विचारों का जादू
सूर्या सिन्हा
सदविचारों की रोशनी दुर्भाग्य के अंधकार को खत्म कर देती है
सूर्या सिन्हा द्वारा लिखित जीवन के हर क्षेत्र के लिए उपयोगी
कम्पलीट पर्सनैलिटी डेवलॅपमेंट कोर्स
COMPLETE PERSONALITY DEVELOPMENT COURSE
Surya Sinha
मन के जीते जीत
मन को जीतो, दुनिया होगी आपकी मुट्ठी में
सूर्या सिन्हा
प्रेरक पुस्तकें अवश्य पढ़ें
12 भाषाओं में देश भर में उपलब्ध
अधिक जानकारी के लिए संपर्क करें-
चुभते कड़वे प्रवचन
सूर्या सिन्हा
नेटवर्क मार्केटिंग में सफलता पाने के अचूक मंत्र
सूर्या सिन्हा
क्या है नेटवर्क मार्केटिंग जानिए
सूर्या सिन्हा
email: winnerztrack@gmail.com
Ph: 09350527204, 09313632981
अपनी याददाश्त कैसे बढ़ाएँ
सूर्या सिन्हा
नेटवर्क मार्केटिंग सवाल आपके जवाब सूर्या सिन्हा के
12 भारतीय भाषाओं में प्रकाशित
लोक व्यवहार
Learn to Say I Love You
A rare book based on The art of dealing with people
Surya Sinha